Suhrkamp BasisBibliothek 53

Diese Ausgabe der »Suhrkamp BasisBibliothek – Arbeitstexte für Schule und Studium« bietet nicht nur Friedrich Schillers Drama *Maria Stuart*, sondern auch einen Kommentar, der alle für das Verständnis des Buches erforderlichen Informationen enthält: die Entstehungs- und Textgeschichte, ausführliche Hinweise zu den literaturgeschichtlichen, historisch-politischen und ästhetischen Voraussetzungen des Stücks, die zeitgenössische Rezeption, einen Forschungsüberblick, Literaturhinweise sowie detaillierte Wort- und Sacherläuterungen. Die Schreibweise des Kommentars entspricht den neuen Rechtschreibregeln.

Wilhelm Große, geboren 1948, Dr. phil., ist Lehrbeauftragter für Neuere deutsche Literatur an der Universität Trier. Arbeitsschwerpunkte: Poetik, Lyrik und Drama des 18. Jahrhunderts. Publikationen u. a. zu Goethe (SBB 5, SBB 27), Lessing (SBB 41) und Schiller (SBB 10, SBB 30).

Friedrich Schiller
Maria Stuart

Trauerspiel in fünf Aufzügen

Mit einem Kommentar
von Wilhelm Große

Suhrkamp

Der vorliegende Text folgt der Ausgabe:
Friedrich Schiller, *Werke und Briefe in zwölf Bänden.*
Herausgegeben von Otto Dahn, Heinz Gerd Ingenkamp, Rolf-Peter Janz, Gerhard Kluge, Herbert Kraft, Georg Kurscheidt, Matthias Luserke, Norbert Oellers, Mirjam Springer und Frithjof Stock. Band 5: *Dramen IV.*
Herausgegeben von Matthias Luserke, Frankfurt am Main: Deutscher Klassiker Verlag 1996, S. 9–148.

7. Auflage 2014

Erste Auflage 2004
Originalausgabe
Suhrkamp BasisBibliothek 53

Satz: pagina GmbH, Tübingen
Druck: CPI – Ebner & Spiegel, Ulm
Umschlagabbildung: Anton Graff. Friedrich Schiller, um 1785
Umschlaggestaltung: Hermann Michels und Regina Göllner
Printed in Germany

ISBN 978-3-518-18853-8

Inhalt

Maria Stuart

Trauerspiel
in fünf Aufzügen

Personen

⌜ELISABETH⌝, *Königin von England.*
⌜MARIA STUART⌝, *Königin von Schottland, Gefangne in England.*
⌜ROBERT DUDLEY⌝, *Graf von Leicester.*
⌜GEORG TALBOT⌝, *Graf von Schrewsbury.*
⌜WILHELM CECIL⌝, *Baron von Burleigh, Großschatzmeister.*
⌜GRAF VON KENT⌝.
⌜WILHELM DAVISON⌝, *Staatssekretär.*
⌜AMIAS PAULET⌝, *Ritter, Hüter der Maria.*
⌜MORTIMER⌝, *sein Neffe.*
⌜GRAF AUBESPINE⌝, *französischer Gesandter.*
⌜GRAF BELLIEVRE⌝, *außerordentlicher Botschafter von Frankreich.*
⌜OKELLY⌝, *Mortimers Freund.*
⌜DRUGEON DRURY⌝, *zweiter Hüter der Maria.*
⌜MELVIL⌝, *ihr Haushofmeister.*
⌜BURGOYN⌝, *ihr Arzt.*
⌜HANNA KENNEDY⌝, *ihre Amme.*
⌜MARGARETHA KURL⌝, *ihre Kammerfrau.*
⌜Sheriff der Grafschaft⌝.
Offizier der Leibwache.
Französische und Englische Herren.
*Trabanten**. — Schutzwache, Leibwächter
Hofdiener der Königin von England.
Diener und Dienerinnen der Königin von Schottland.

Erster Aufzug

Im ⌜Schloß zu Fotheringhay⌝. Ein Zimmer.

Erster Auftritt

Hanna Kennedy, Amme der Königin von Schottland, in heftigem Streit mit Paulet, der im Begriff ist, einen Schrank zu öffnen. Drugeon Drury, sein Gehilfe, mit Brecheisen.

KENNEDY Was macht Ihr, Sir? Welch neue Dreistigkeit!
Zurück von diesem Schrank!
PAULET Wo kam der Schmuck her?
Vom obern Stock ward er herabgeworfen,
Der Gärtner hat bestochen werden sollen
Mit diesem Schmuck – Fluch über Weiberlist!
Trotz meiner Aufsicht, meinem scharfen Suchen,
Noch Kostbarkeiten, noch geheime Schätze!
Sich über den Schrank machend
Wo das gesteckt hat, liegt noch mehr!
KENNEDY Zurück, Verwegner!
Hier liegen die Geheimnisse der Lady.
PAULET Die eben such' ich. *Schriften hervorziehend*
KENNEDY Unbedeutende
Papiere, bloße Übungen der Feder,
Des Kerkers traur'ge Weile zu verkürzen.
PAULET In müß'ger Weile schafft der böse Geist.
KENNEDY
Es sind französische Schriften.
PAULET Desto schlimmer!
Die Sprache redet Englands Feind.
KENNEDY Konzepte* Entwürfe
Von Briefen an die Königin von England.

PAULET Die überliefr' ich – Sieh! Was schimmert hier?
er hat einen geheimen ⌜Ressort⌝ geöffnet, und zieht aus einem verborgnen Fach Geschmeide hervor
Ein königliches Stirnband, reich an Steinen,
Durchzogen mit den ⌜Lilien von Frankreich⌝!
er gibt es seinem Begleiter
Verwahrt's, Drury. Legt's zu dem übrigen!
Drury geht ab.
KENNEDY O schimpfliche Gewalt, die wir erleiden!
PAULET So lang sie noch besitzt, kann sie noch schaden,
Hier: Waffe — Denn alles wird Gewehr* in ihrer Hand.
KENNEDY Seid gütig, Sir. Nehmt nicht den letzten Schmuck
Aus unserm Leben weg! Die Jammervolle
Erfreut der Anblick alter Herrlichkeit,
Denn alles andre habt ihr uns entrissen.
PAULET Es liegt in guter Hand. Gewissenhaft
Wird es zu seiner Zeit zurück gegeben!
KENNEDY Wer sieht es diesen kahlen Wänden an,
Daß eine Königin hier wohnt? Wo ist
Die ⌜Himmeldecke⌝ über ihrem Sitz?
Muß sie den zärtlich weichgewöhnten Fuß
Nicht auf gemeinen rauhen Boden setzen?
Frau von Adel — Mit ⌜grobem Zinn⌝, die schlechtste Edelfrau*
Würd' es verschmähn, bedient man ihre Tafel.
bewirtete — PAULET ⌜So speiste* sie zu Sterlyn ihren Gatten⌝,
Da sie aus Gold mit ihrem ⌜Buhlen⌝ trank.
KENNEDY Sogar des Spiegels kleine Notdurft mangelt.
PAULET So lang sie noch ihr eitles Bild beschaut,
Hört sie nicht auf, zu hoffen und zu wagen.
KENNEDY An Büchern fehlts, den Geist zu unterhalten.
PAULET Die Bibel ließ man ihr, das Herz zu bessern.
KENNEDY Selbst ihre Laute ward ihr weggenommen.
Liebeslieder — PAULET Weil sie verbuhlte Lieder* drauf gespielt.
KENNEDY Ist das ein Schicksal für die weicherzogne,

Die ⌜in der Wiege Königin schon war⌝,
Am üpp'gen ⌜Hof der Medizäerin⌝
In jeder Freuden Fülle aufgewachsen.
Es sei genug, daß man die Macht ihr nahm,
Muß man die armen Flitter* ihr mißgönnen?
In großes Unglück ⌜lehrt⌝ ein edles Herz
Sich endlich finden, aber wehe tuts,
Des Lebens kleine Zierden zu entbehren.

*Flitter: Unechter, glitzernder Schmuck

PAULET Sie wenden nur das Herz dem eiteln zu,
Das in sich gehen und bereuen soll.
Ein üppig lastervolles Leben büßt sich
In Mangel und Erniedrigung allein.

KENNEDY Wenn ihre zarte Jugend sich verging,
Mag sie's mit Gott abtun und ihrem Herzen,
In England ist kein Richter über sie.

PAULET Sie wird gerichtet, wo sie frevelte*.

*frevelte: verwerflich handelte

KENNEDY Zum Freveln fesseln sie zu enge Bande.

PAULET ⌜Doch wußte sie⌝ aus diesen engen Banden
Den Arm zu strecken in die Welt, die Fackel
Des Bürgerkrieges in das Reich zu schleudern,
Und gegen unsre Königin, die Gott
Erhalte! Meuchelrotten zu bewaffnen.
Erregte sie aus diesen Mauern nicht
Den Böswicht ⌜Parry und den Babington⌝
Zu der verfluchten Tat des Königsmords?
Hielt dieses Eisengitter sie zurück,
Das edle Herz des ⌜Norfolk zu umstricken?
Für sie geopfert fiel das beste Haupt
Auf dieser Insel unterm Henkerbeil⌝ –
Und schreckte dieses jammervolle Beispiel
Die Rasenden zurück, die sich wetteifernd
Um ihrentwillen in den Abgrund stürzen?
Die Blutgerüste füllen sich für sie
Mit immer neuen Todesopfern an,
Und das wird nimmer enden, bis sie selbst,

Die Schuldigste, darauf geopfert ist.
– O Fluch dem Tag, da dieses Landes Küste
Gastfreundlich diese ⌜Helena⌝ empfing.

KENNEDY Gastfreundlich hätte England sie empfangen?
Die Unglückselige, die seit dem Tag,
Da sie den Fuß gesetzt in dieses Land,
Als eine Hilfeflehende, Vertriebne
Bei der ⌜Verwandten⌝ Schutz zu suchen kam,
Sich wider Völkerrecht und Königswürde
Gefangen sieht, in enger Kerkerhaft
Der Jugend schöne Jahre muß vertrauern. –
Die jetzt, nachdem sie alles hat erfahren,
Was das Gefängnis bittres hat, gemeinen
Verbrechern gleich, vor des Gerichtes Schranken
Gefodert wird und schimpflich angeklagt
Auf Leib und Leben – eine Königin!

PAULET Sie kam ins Land als eine Mörderin,
Verjagt von ihrem Volk, des Throns entsetzt,
Den sie mit schwerer Greueltat geschändet.
Verschworen kam sie gegen Englands Glück,
⌜Der spanischen Maria⌝ blut'ge Zeiten
Zurück zu bringen, Engelland katholisch
Franzosen Zu machen, an den Franzmann* zu verraten.
Warum verschmähte sie's, den ⌜Edimburger
Vertrag⌝ zu unterschreiben, ihren Anspruch
An England aufzugeben, und den Weg
Aus diesem Kerker schnell sich aufzutun
Mit einem Federstrich? Sie wollte lieber
Gefangen bleiben, sich mißhandelt sehn,
Als dieses Titels leerem Prunk entsagen.
Weswegen tat sie das? Weil sie den Ränken
Vertraut, den bösen Künsten der Verschwörung,
Und Unheilspinnend diese ganze Insel
Aus ihrem Kerker zu erobern hofft.

KENNEDY Ihr spottet, Sir – Zur Härte fügt ihr noch

Den bittern Hohn! *Sie* hegte solche Träume,
Die hier lebendig eingemauert lebt,
Zu der kein Schall des Trostes, keine Stimme
Der Freundschaft aus der lieben Heimat dringt,
Die längst kein Menschenangesicht mehr schaute,
Als ihrer Kerkermeister finstre Stirn,
Die erst seit kurzem einen neuen Wächter
Erhielt in eurem rauhen Anverwandten*,
Von neuen Stäben sich umgittert sieht –

Mortimer, Neffe Paulets

PAULET Kein Eisengitter schützt vor ihrer List.
Weiß ich, ob diese Stäbe nicht durchfeilt,
Nicht dieses Zimmers Boden, diese Wände,
Von außen fest, nicht hohl von innen sind,
Und den Verrat einlassen, wenn ich schlafe?
Fluchvolles Amt, das mir geworden ist,
Die Unheilbrütend listige zu hüten.
Vom Schlummer jagt die Furcht mich auf, ich gehe
Nachts um, wie ein gequälter Geist, erprobe
Des Schlosses Riegel und der Wächter Treu,
Und sehe zitternd jeden Morgen kommen,
Der meine Furcht wahr machen kann. Doch wohl mir!
Wohl! Es ist Hoffnung, daß es bald nun endet.
Denn lieber möcht ich der Verdammten Schar
Wachstehend an der Höllenpforte hüten,
Als diese ränkevolle Königin.

KENNEDY Da kommt sie selbst!

PAULET ⌜Den Christus in der Hand⌝,
Die Hoffart* und die Weltlust in dem Herzen.

Hochmut, übersteigerter Stolz

Zweiter Auftritt

Kreuz

Maria im Schleier, ein Kruzifix in der Hand. Die Vorigen.*

KENNEDY *ihr entgegen eilend:*
O Königin! Man tritt uns ganz mit Füßen,
Der Tyrannei, der Härte wird kein Ziel,
Und jeder neue Tag häuft neue Leiden
Und Schmach auf dein gekröntes Haupt.

MARIA Faß dich!
Sag an, was neu geschehen ist?

KENNEDY Sieh her!
Dein Pult ist aufgebrochen, deine Schriften,
Dein einz'ger Schatz, den wir mit Müh' gerettet,
Der letzte Rest von deinem Brautgeschmeide
Aus Frankreich ist in seiner Hand. Du hast nun
Nichts Königliches mehr, bist ganz beraubt.

MARIA Beruhige dich, Hanna. Diese Flitter machen
Die Königin nicht aus. Man kann uns niedrig
Behandeln, nicht erniedrigen. Ich habe
In England mich an viel gewöhnen lernen,
Ich kann auch das verschmerzen. Sir, ihr habt euch
Gewaltsam zugeeignet, was ich euch
Noch heut' zu übergeben willens war.
Bei diesen Schriften findet sich ein Brief,
Bestimmt für meine königliche Schwester
Von England – Gebt mir euer Wort, daß ihr
Ihn redlich an sie selbst wollt übergeben,
Und nicht in Burleighs ungetreue Hand.

PAULET Ich werde mich bedenken, was zu tun ist.

MARIA Ihr sollt den Inhalt wissen, Sir. Ich bitte
In diesem Brief um eine große Gunst –
– Um eine Unterredung mit ihr selbst,
Die ich mit Augen nie gesehn – Man hat mich
Vor ein Gericht* von Männern vorgefodert,

Im Herbst 1586.

Die ich als meines Gleichen nicht erkennen,
Zu denen ich kein Herz mir fassen kann.
Elisabeth ist meines Stammes, meines
Geschlechts und Ranges – Ihr allein, der Schwester,
Der Königin, der Frau kann ich mich öffnen.
PAULET Sehr oft, Mylady, habt ihr euer Schicksal
Und eure Ehre Männern anvertraut,
Die eurer Achtung minder würdig waren.
MARIA Ich bitte noch um eine zweite Gunst,
Unmenschlichkeit allein kann mir sie weigern.
⌜Schon lange Zeit⌝ entbehr' ich im Gefängnis
Der Kirche Trost, der Sakramente Wohltat,
Und die mir Kron' und Freiheit hat geraubt,
Die meinem Leben selber droht, wird mir
Die Himmelstüre nicht verschließen wollen.
PAULET Auf euren Wunsch wird der ⌜Dechant⌝ des Orts –
MARIA *unterbricht ihn lebhaft:*
Ich will nichts vom Dechanten. Einen Priester
Von meiner eignen Kirche* fodre ich.
– Auch Schreiber und ⌜Notarien⌝ verlang' ich,
Um meinen letzten Willen aufzusetzen.
Der Gram, das lange Kerkerelend nagt
An meinem Leben. Meine Tage sind
Gezählt, befürcht' ich, und ich achte mich
Gleich einer Sterbenden.
PAULET Da tut ihr wohl,
Das sind Betrachtungen, die euch geziemen.
MARIA Und weiß ich, ob nicht eine schnelle Hand
Des Kummers langsames Geschäft beschleunigt?
Ich will mein Testament aufsetzen, will
Verfügung treffen über das, was mein ist.
PAULET Die Freiheit habt ihr. Englands Königin
Will sich mit eurem Raube nicht bereichern.
MARIA Man hat von meinen treuen Kammerfrauen,
Von meinen Dienern mich getrennt – Wo sind sie?

Röm.-kath. Kirche

Was ist ihr Schicksal? Ihrer Dienste kann ich
Entraten, doch beruhigt will ich sein,
Daß die Getreu'n nicht leiden und entbehren.
PAULET Für Eure Diener ist gesorgt.
Er will gehen.
MARIA Ihr geht, Sir? Ihr verlaßt mich abermals,
Und ohne mein geängstigt fürchtend Herz
Der Qual der Ungewißheit zu entladen.
Ich bin, dank eurer Späher Wachsamkeit,
Von aller Welt geschieden, keine Kunde
Gelangt zu mir durch diese Kerkermauern,
Mein Schicksal liegt in meiner Feinde Hand.
Ein peinlich langer Monat ist vorüber,
Seitdem die ⌜vierzig Kommissarien⌝
In diesem Schloß mich überfallen, Schranken*
Errichtet, schnell, mit unanständiger Eile,
Mich unbereitet, ohne Anwalts Hülfe,
Vor ein noch nie erhört Gericht gestellt,
Auf schlaugefaßte schwere Klagepunkte
Mich, die betäubte, überraschte, flugs
Aus dem Gedächtnis Rede stehen lassen –
Wie Geister kamen sie und schwanden wieder.
Seit diesem Tage schweigt mir jeder Mund,
Ich such' umsonst in eurem Blick zu lesen,
Ob meine Unschuld, meiner Freunde Eifer,
Ob meiner Feinde böser Rat gesiegt.
Brecht endlich euer Schweigen – laßt mich wissen,
Was ich zu fürchten, was zu hoffen habe.
PAULET *nach einer Pause:*
Schließt eure Rechnung mit dem Himmel ab.
MARIA Ich hoff' auf seine Gnade, Sir – und hoffe
Auf strenges Recht von meinen ird'schen Richtern.
PAULET Recht soll euch werden. Zweifelt nicht daran.
MARIA Ist mein Prozeß entschieden, Sir?
PAULET Ich weiß nicht.

*Schranken: Gerichtsschranken

MARIA Bin ich verurteilt?
PAULET Ich weiß nichts, Mylady.
MARIA Man liebt hier rasch zu Werk zu gehn. Soll mich
Der Mörder überfallen wie die Richter?
PAULET Denkt immerhin, es sei so, und er wird euch
In beßrer Fassung dann als diese finden.
MARIA Nichts soll mich in Erstaunen setzen, Sir,
Was ein ⌜Gerichtshof in Westminsterhall⌝,
Den Burleighs Haß und ⌜Hattons⌝ Eifer lenkt,
Zu urteln* sich erdreiste – Weiß ich doch, urteilen
Was Englands Königin wagen darf zu tun.
PAULET Englands Beherrscher brauchen nichts zu scheuen,
Als ihr Gewissen und ihr Parlament.
Was die Gerechtigkeit gesprochen, furchtlos,
Vor aller Welt wird es die Macht vollziehn.

Dritter Auftritt

Die Vorigen. Mortimer, Paulets Neffe, tritt herein und ohne der Königin einige Aufmerksamkeit zu bezeugen, zu Paulet.

MORTIMER Man sucht euch, Oheim*. Onkel, Bruder der Mutter
Er entfernt sich auf eben die Weise. Die Königin bemerkt es mit Unwillen und wendet sich zu Paulet, der ihm folgen will.
MARIA Sir, noch eine Bitte.
Wenn ihr mir was zu sagen habt – von euch
Ertrag ich viel, ich ehre euer Alter.
Den Übermut des Jünglings trag' ich nicht,
Spart mir den Anblick seiner rohen Sitten.
PAULET Was ihn euch widrig macht, macht mir ihn wert.

Wohl ist es keiner von den weichen Toren,
Die eine falsche Weiberträne schmelzt –
Er ist gereist, kommt aus Paris und ⌈Rheims⌉,
Und bringt sein treu altenglisch Herz zurück,
Lady, an dem ist eure Kunst verloren!
geht ab.

Vierter Auftritt

Maria. Kennedy.

KENNEDY Darf euch der Rohe das ins Antlitz sagen!
O es ist hart!

MARIA *in Nachdenken verloren*
Wir haben in den Tagen unsers Glanzes
Dem Schmeichler ein zu willig Ohr geliehn,
Gerecht ist's, gute Kennedy, daß wir
Des Vorwurfs ernste Stimme nun vernehmen.

KENNEDY Wie? so gebeugt, so mutlos, teure Lady?
Wart ihr doch sonst so froh, ihr pflegtet mich zu trösten,
Und eher mußt ich euren Flattersinn
Als eure Schwermut schelten.

MARIA Ich erkenn' ihn.
Es ist der ⌈blut'ge Schatten König Darnleys⌉,
Der zürnend aus dem Gruftgewölbe steigt,
Und er wird nimmer Friede mit mir machen,
Bis meines Unglücks Maß erfüllet ist.

KENNEDY Was für Gedanken –

MARIA Du vergissest, Hanna –
Ich aber habe ein getreu Gedächtnis –
Der ⌈Jahrstag dieser unglückseligen Tat⌉
Ist heute abermals zurückgekehrt,
Er ist's, den ich mit Buß und Fasten feire.

KENNEDY Schickt endlich diesen bösen Geist zur Ruh'.
Ihr habt die Tat mit Jahrelanger Reu',
Mit schweren Leidensproben abgebüßt.
Die Kirche, die den ⌜Löseschlüssel⌝ hat
Für jede Schuld, der Himmel hat vergeben.
MARIA Frischblutend steigt die längst vergebne Schuld
Aus ihrem leichtbedeckten Grab empor!
Des Gatten Rachefoderndes Gespenst
Schickt keines ⌜Messedieners Glocke⌝, kein
Hochwürdiges in Priesters Hand zur Gruft.
KENNEDY Nicht ihr habt ihn gemordet! Andre tatens!
MARIA Ich wußte drum. Ich ließ die Tat geschehn,
Und lockt' ihn schmeichelnd in das Todesnetz.
KENNEDY Die Jugend mildert eure Schuld. Ihr wart
⌜So zarten Alters⌝ noch.
MARIA So zart, und lud
Die schwere Schuld auf mein so junges Leben.
KENNEDY Ihr wart durch blutige Beleidigung
Gereizt und durch des Mannes Übermut,
Den eure Liebe ⌜aus der Dunkelheit⌝
Wie eine Götterhand hervorgezogen,
Den ihr durch euer Brautgemach zum Throne
Geführt, mit eurer blühenden Person
Beglückt und eurer angestammten Krone.
Konnt er vergessen, daß sein prangend Los
Der Liebe großmutsvolle Schöpfung war?
Und doch vergaß er's, der Unwürdige!
Beleidigte mit niedrigem Verdacht,
Mit rohen Sitten eure Zärtlichkeit,
Und widerwärtig wurd' er euren Augen.
Der Zauber schwand, der euren Blick getäuscht,
Ihr floht erzürnt des Schändlichen Umarmung
Und gabt ihn der Verachtung preis – Und er –
Versucht er's, eure Gunst zurück zu rufen?
Bat er um Gnade? Warf er sich bereuend

Zu euren Füßen, Besserung versprechend?
Trotz bot euch der Abscheuliche – Der euer
Geschöpf war, euren König wollt er spielen,
Vor euren Augen ließ er euch den Liebling,
Den schönen ⌜Sänger Rizzio⌝ durchbohren –
Ihr rächtet blutig nur die blut'ge Tat.

MARIA Und blutig wird sie auch an mir sich rächen,
Du sprichst mein Urteil aus, da du mich tröstest.

KENNEDY Da ihr die Tat geschehn ließt, wart ihr nicht
Ihr selbst, gehörtet euch nicht selbst. Ergriffen
Hatt' euch der Wahnsinn blinder Liebesglut,
Euch unterjocht dem furchtbaren Verführer
Dem ⌜unglückselgen Bothwell⌝ – Über euch
Mit übermütgem Männerwillen herrschte
Der Schreckliche, der euch durch Zaubertränke,
Durch Höllenkünste das Gemüt verwirrend
Erhitzte –

MARIA Seine Künste waren keine andre,
Als seine Männerkraft und meine Schwachheit.

KENNEDY Nein, sag' ich. Alle Geister der Verdammnis
Mußt' er zu Hülfe rufen, der dies Band
Um eure hellen Sinne wob. Ihr hattet
Kein Ohr mehr für der Freundin Warnungsstimme,
Kein Aug' für das, was wohlanständig war.
Verlassen hatte euch die zarte Scheu
Der Menschen, eure Wangen, sonst der Sitz
Schamhaft errötender Bescheidenheit,
Sie glühten nur vom Feuer des Verlangens.
Ihr warft den Schleier des Geheimnisses
Von euch, des Mannes keckes Laster hatte
Auch eure Blödigkeit* besiegt, ihr stelltet
Mit dreister Stirne eure Schmach zur Schau.
⌜Ihr ließt das königliche Schwert von Schottland
Durch ihn, den Mörder, dem des Volkes Flüche
Nachschallten, durch die Gassen Edimburgs,

Schüchternheit

Vor euch hertragen im Triumph, umringtet
Mit Waffen euer Parlament⌝, und hier,
Im eignen Tempel der Gerechtigkeit,
Zwangt ihr mit frechem Possenspiel die Richter,
Den Schuldigen des Mordes loszusprechen –
Ihr gingt noch weiter – Gott!

MARIA Vollende nur!
Und reicht' ihm meine Hand vor dem Altare!

KENNEDY O laßt ein ewig Schweigen diese Tat
Bedecken! Sie ist schauderhaft, empörend,
Ist einer ganz Verlornen wert – Doch ihr seid keine
Verlorne – ich kenn' euch ja, ich bin's,
Die eure Kindheit auferzogen. Weich
Ist euer Herz gebildet, offen ist's
Der Scham – der Leichtsinn nur ist euer Laster.
Ich wiederhol' es, es gibt böse Geister,
Die in des Menschen unverwahrter* Brust ungeschützter
Sich augenblicklich ihren Wohnplatz nehmen,
Die schnell in uns das Schreckliche begehn
Und zu der Höll' entfliehend das Entsetzen
In dem befleckten Busen hinterlassen.
Seit dieser Tat, die euer Leben schwärzt,
Habt ihr nichts lasterhaftes mehr begangen,
Ich bin ein Zeuge eurer Besserung.
Drum fasset Mut! Macht Friede mit euch selbst!
Was ihr auch zu bereuen habt, in England
Seid ihr nicht schuldig, nicht Elisabeth,
Nicht Englands Parlament ist euer Richter.
Macht ist's, die euch hier unterdrückt, vor diesen
Anmaßlichen Gerichtshof dürft ihr euch
Hinstellen mit dem ganzen Mut der Unschuld.

MARIA Wer kommt?

Mortimer zeigt sich an der Türe.

KENNEDY Es ist der Neffe. Geht hinein.

Fünfter Auftritt

Die Vorigen. Mortimer scheu hereintretend.

MORTIMER *zur Amme:*
Entfernt euch, haltet Wache vor der Tür,
Ich habe mit der Königin zu reden.

MARIA *mit Ansehn:*
Hanna, du bleibst.

MORTIMER Habt keine Furcht, Mylady. Lernt mich
kennen.

Er überreicht ihr eine Karte.

MARIA *sieht sie an und fährt bestürzt zurück:*
Ha! Was ist das?

MORTIMER *zur Amme:*
Geht, Dame Kennedy.
Sorgt, daß mein Oheim uns nicht überfalle!

MARIA *Zur Amme, welche zaudert und die Königin fragend ansieht:*
Geh! Geh! Tu was er sagt.

Die Amme entfernt sich mit Zeichen der Verwunderung.

Sechster Auftritt

Mortimer. Maria.

MARIA Von meinem Oheim!
Dem ⸢Kardinal von Lothringen⸣ aus Frankreich!
liest.
»Traut dem Sir Mortimer, der euch dies bringt,
Denn keinen treuern Freund habt ihr in England.«
Mortimern mit Erstaunen ansehend

Ist's möglich? Ist's kein Blendwerk, das mich täuscht?
So nahe find ich einen Freund und wähnte mich
Verlassen schon von aller Welt – find ihn
In euch, dem Neffen meines Kerkermeisters,
In dem ich meinen schlimmsten Feind –
MORTIMER *sich ihr zu Füßen werfend:* Verzeihung
Für diese verhaßte Larve*, Königin,
Die mir zu tragen Kampf genug gekostet,
Doch der ich's danke, daß ich mich euch nahen,
Euch Hülfe und Errettung bringen kann.
MARIA Steht auf – Ihr überrascht mich, Sir – Ich kann
So schnell nicht aus der Tiefe meines Elends
Zur Hoffnung übergehen – Redet, Sir –
Macht mir dies Glück begreiflich, daß ich's glaube.
MORTIMER *steht auf:*
Die Zeit verrinnt. Bald wird mein Oheim hier sein,
Und ein verhaßter Mensch begleitet ihn.
Eh euch ihr Schreckensauftrag überrascht,
Hört an, wie euch der Himmel Rettung schickt.
MARIA Er schickt sie durch ein Wunder seiner Allmacht!
MORTIMER Erlaubt, daß ich von mir beginne.
MARIA Redet, Sir!
MORTIMER Ich zählte zwanzig Jahre, Königin,
In strengen Pflichten war ich aufgewachsen,
In finsterm Haß des Papsttums aufgesäugt,
Als mich die unbezwingliche Begierde
Hinaus trieb auf das feste Land*. Ich ließ
Der ⌜Puritaner⌝ dumpfe Predigtstuben,
Die Heimat hinter mir, in schnellem Lauf
Durchzog ich Frankreich, das gepriesene
Italien mit heißem Wunsche suchend.

Es war die Zeit des großen Kirchenfests,
Von Pilgerscharen wimmelten die Wege,
Bekränzt war jedes Gottesbild, es war,

Maske, Verstellung

Kontinental-europa

Als ob die Menschheit auf der Wandrung wäre,
Wallfahrend nach dem Himmelreich – Mich selbst
Ergriff der Strom der glaubenvollen Menge,
Und riß mich in das Weichbild* Roms –

Stadtgebiet

Wie ward mir, Königin!
Als mir der Säulen Pracht und Siegesbogen*,
Entgegenstieg, des Kolosseums* Herrlichkeit
Den Staunenden umfing, ein hoher Bildnergeist
In seine heitre Wunderwelt mich schloß!
⌜Ich hatte nie der Künste Macht gefühlt,
Es haßt die Kirche, die mich auferzog,
Der Sinne Reiz, kein Abbild duldet sie,
Allein das körperlose Wort verehrend.⌝
Wie wurde mir, als ich ins Innre nun
Der Kirchen trat, und die Musik der Himmel
Herunterstieg, und der Gestalten Fülle
Verschwenderisch aus Wand und Decke quoll,
Das Herrlichste und Höchste, gegenwärtig,
Vor den entzückten Sinnen sich bewegte,
Als ich sie selbst nun sah, die Göttlichen,
Den ⌜Gruß des Engels⌝, die Geburt des Herrn,
Die heilge Mutter, die herabgestiegne
Dreifaltigkeit, die leuchtende ⌜Verklärung⌝ –
Als ich den Papst drauf sah in seiner Pracht
Das Hochamt* halten und die Völker segnen.
O was ist Goldes, was Juwelen Schein,
Womit der Erde Könige sich schmücken!
Nur Er ist mit dem Göttlichen umgeben.
Ein wahrhaft Reich der Himmel ist sein Haus,
Denn nicht von dieser Welt sind diese Formen.

Das antike Rom

Röm. Amphitheater

Besonders feierlich gestaltete Messe

MARIA O schonet mein! Nicht weiter. Höret auf,
Den frischen Lebensteppich vor mir aus
Zu breiten – Ich bin elend und gefangen.

MORTIMER Auch ich wars, Königin! und mein Gefängnis

Sprang auf und frei auf einmal fühlte sich
Der Geist, des Lebens schönen Tag begrüßend.
Haß schwur ich nun dem engen dumpfen Buch,
Mit frischem Kranz die Schläfe mir zu schmücken,
Mich fröhlich an die Fröhlichen zu schließen.
Viel edle Schotten drängten sich an mich
Und der Franzosen muntre Landsmannschaften.
Sie brachten mich zu eurem edeln Oheim,
Dem Kardinal von Guise – Welch ein Mann!
Wie sicher, klar und männlich groß! – Wie ganz
Geboren, um die Geister zu regieren!
Das Muster eines königlichen Priesters,
Ein Fürst der Kirche, wie ich keinen sah!

MARIA Ihr habt sein teures Angesicht gesehn,
Des vielgeliebten, des erhabnen Mannes,
Der meiner zarten Jugend Führer war.
O redet mir von ihm. Denkt er noch mein?
Liebt ihn das Glück, blüht ihm das Leben noch,
Steht er noch herrlich da, ein ⌜Fels der Kirche⌝?

MORTIMER Der Treffliche ließ selber sich herab,
Die hohen Glaubenslehren mir zu deuten,
Und meines Herzens Zweifel zu zerstreun.
Er zeigte mir, daß grübelnde Vernunft
Den Menschen ewig in der Irre leitet,
Daß seine Augen sehen müssen, was
Das Herz soll glauben, daß ein sichtbar Haupt* — Papst
Der Kirche not tut, daß der Geist der Wahrheit
Geruht hat auf den Sitzungen der Väter*. — Konzilien
Die Wahnbegriffe meiner kind'schen Seele,
Wie schwanden sie vor seinem siegenden
Verstand und vor der Suada* seines Mundes! — Redefluss
Ich kehrte in der Kirche Schoß zurück,
Schwur meinen Irrtum ab in seine Hände.

MARIA So seid ihr einer jener Tausende,
Die er mit seiner Rede Himmelskraft

Jesus bei der Bergpredigt

Wie der erhabne Prediger des Berges*
Ergriffen und zum ew'gen Heil geführt!

MORTIMER Als ihn des Amtes Pflichten bald darauf
Nach Frankreich riefen, sandt' er mich nach Rheims,
Wo die Gesellschaft Jesu, fromm geschäftig,
Für Englands Kirche Priester auferzieht.
Den edeln Schotten ⌜Morgan⌝ fand ich hier,
Auch euren treuen ⌜Leßley⌝, den gelehrten
Bischof von Roße, die auf Frankreichs Boden
Freudlose Tage der Verbannung leben –
Eng schloß ich mich an diese Würdigen,
Und stärkte mich im Glauben – Eines Tags,
Als ich mich umsah in des Bischofs Wohnung,
Fiel mir ein weiblich Bildnis in die Augen,
Von rührend wundersamem Reiz, gewaltig
Ergriff es mich in meiner tiefsten Seele,
Und des Gefühls nicht mächtig stand ich da.
Da sagte mir der Bischof: Wohl mit Recht
Mögt ihr gerührt bei diesem Bilde weilen.
Die schönste aller Frauen, welche leben,
Ist auch die jammernswürdigste von allen,
Um unsers Glaubens willen duldet sie,
Und euer Vaterland ist's, wo sie leidet.

MARIA Der Redliche! Nein, ich verlor nicht alles,
Da solcher Freund im Unglück mir geblieben.

MORTIMER Drauf fing er an, mit herzerschütternder
Beredsamkeit mir euer Märtyrtum
Und eurer Feinde Blutgier abzuschildern.
Auch euern Stammbaum wies er mir, er zeigte
Mir eure ⌜Abkunft von dem hohen Hause
Der Tudor⌝, überzeugte mich, daß euch
Allein gebührt in Engelland zu herrschen,

Unrechtmäßige Königin

Nicht dieser Afterkönigin*, gezeugt
In ehebrecherischem Bett, die Heinrich,

Uneheliche Tochter

Ihr Vater, selbst verwarf als Bastardtochter*.

Nicht seinem einz'gen Zeugnis wollt ich traun,
Ich holte Rat bei allen Rechtsgelehrten,
Viel alte Wappenbücher schlug ich nach,
Und alle Kundige, die ich befragte,
Bestätigten mir eures Anspruchs Kraft.
Ich weiß nunmehr, daß euer gutes Recht
An England euer ganzes Unrecht ist,
Daß euch dies Reich als Eigentum gehört,
Worin ihr schuldlos als Gefangne schmachtet.
MARIA O dieses unglücksvolle Recht! Es ist
Die einz'ge Quelle aller meiner Leiden.
MORTIMER Um diese Zeit kam mir die Kunde zu,
Daß ihr aus ⸢Talbots Schloß⸣ hinweggeführt,
Und meinem Oheim übergeben worden –
Des Himmels wundervolle Rettungshand
Glaubt ich in dieser Fügung zu erkennen,
Ein lauter Ruf des Schicksals war sie mir,
Das m e i n e n Arm gewählt, euch zu befreien.
Die Freunde stimmen freudig bei, es gibt
Der Kardinal mir seinen Rat und Segen,
Und lehrt mich der Verstellung schwere Kunst.
Schnell ward der Plan entworfen, und ich trete
Den Rückweg an ins Vaterland, wo ich,
Ihr wißt's, vor zehen Tagen bin gelandet.
Er hält inne.
Ich sah euch, Königin – Euch selbst!
Nicht euer Bild! – O welchen Schatz bewahrt
Dies Schloß! Kein Kerker! Eine Götterhalle,
Glanzvoller als der königliche Hof
Von England – O des Glücklichen, dem es
Vergönnt ist, eine Luft mit euch zu atmen!

Wohl hat sie Recht, die euch so tief verbirgt!
Aufstehen würde Englands ganze Jugend,
Kein Schwert in seiner Scheide müßig bleiben,

Und die Empörung mit gigantischem Haupt
Durch diese Friedensinsel schreiten, sähe
Der Brite seine Königin!

MARIA Wohl ihr!
Säh jeder Brite sie mit euren Augen!

MORTIMER Wär er, wie ich, ein Zeuge eurer Leiden,
Der Sanftmut Zeuge und der edlen Fassung,
Womit ihr das Unwürdige erduldet.
Denn geht ihr nicht aus allen Leidensproben
Als eine Königin hervor? Raubt euch
Des Kerkers Schmach von eurem Schönheitsglanze?
Euch mangelt alles, was das Leben schmückt,
Und doch umfließt euch ewig Licht und Leben.
Nie setz ich meinen Fuß auf diese Schwelle,
Daß nicht mein Herz zerrissen wird von Qualen,
Nicht von der Lust entzückt, euch anzuschauen! –
Doch furchtbar naht sich die Entscheidung, wachsend
Mit jeder Stunde dringet die Gefahr,
Ich darf nicht länger säumen – euch nicht länger
Das Schreckliche verbergen –

MARIA Ist mein Urteil
Gefällt? Entdeckt mir's frei. Ich kann es hören.

MORTIMER Es ist gefällt. Die zwei und vierzig Richter haben
Ihr Schuldig ausgesprochen über euch. Das Haus
Der Lords und der Gemeinen, die Stadt London
Bestehen heftig dringend auf des Urteils
Vollstreckung, nur die Königin säumt noch,
– Aus arger List, daß man sie nötige,
Nicht aus Gefühl der Menschlichkeit und Schonung.

MARIA *mit Fassung:*
Sir Mortimer, ihr überrascht mich nicht,
Erschreckt mich nicht. Auf solche Botschaft war ich
Schon längst gefaßt. Ich kenne meine Richter.
Nach den Mißhandlungen, die ich erlitten,

Begreif' ich wohl, daß man die Freiheit mir
Nicht schenken kann – Ich weiß, wo man hinaus will.
In ew'gem Kerker will man mich bewahren,
Und meine Rache, meinen Rechtsanspruch
Mit mir verscharren in Gefängnisnacht.

MORTIMER Nein, Königin – o nein! nein! Dabei steht man
Nicht still. Die Tyrannei begnügt sich nicht,
Ihr Werk nur halb zu tun. So lang ihr lebt,
Lebt auch die Furcht der Königin von England.
Euch kann kein Kerker tief genug begraben,
Nur euer Tod versichert ihren Thron.

MARIA Sie könnt' es wagen, mein gekröntes Haupt
Schmachvoll auf einen Henkerblock zu legen?

MORTIMER Sie wird es wagen. Zweifelt nicht daran.

MARIA Sie könnte so die eigne Majestät
Und aller Könige im Staube wälzen?
Und fürchtet sie die Rache Frankreichs nicht?

MORTIMER
Sie schließt mit Frankreich einen ew'gen Frieden,
⌜Dem Düc von Anjou schenkt sie Thron und Hand⌝.

MARIA Wird sich der ⌜König Spaniens⌝ nicht waffnen?

MORTIMER Nicht eine Welt in Waffen fürchtet sie,
So lang sie Frieden hat mit ihrem Volke.

MARIA Den Briten wollte sie dies Schauspiel geben?

MORTIMER Dies Land, Mylady, hat in letzten Zeiten
Der königlichen Frauen *mehr* vom Thron
Herab aufs Blutgerüste steigen sehn.
⌜Die eigne Mutter der Elisabeth⌝
Ging diesen Weg, und ⌜Catharina Howard⌝,
Auch ⌜Lady Gray⌝ war ein gekröntes Haupt.

MARIA *nach einer Pause:*
Nein, Mortimer! Euch blendet eitle Furcht.
Es ist die Sorge eures treuen Herzens,
Die euch vergebne Schrecknisse erschafft.
Nicht das Schafott ist's, das ich fürchte, Sir.

Es gibt noch andre Mittel, stillere,
Wodurch sich die Beherrscherin von England
Vor meinem Anspruch Ruhe schaffen kann.
Eh' sich ein Henker für mich findet, wird
Noch eher sich ein Mörder dingen lassen.
– Das ist's, wovor ich zittre, Sir! und nie
Setz ich des Bechers Rand an meine Lippen,
Daß nicht ein Schauder mich ergreift, er könnte
Dargereicht
Kredenzt* sein von der Liebe meiner Schwester.

MORTIMER Nicht offenbar noch heimlich soll's dem Mord
Gelingen, euer Leben anzutasten.
Seid ohne Furcht! Bereitet ist schon alles,
Zwölf edle Jünglinge des Landes sind
In meinem Bündnis, haben heute früh
Das Sakrament darauf empfangen, euch
Mit starkem Arm aus diesem Schloß zu führen.
Graf Aubespine, der Abgesandte Frankreichs,
Weiß um den Bund, er bietet selbst die Hände,
Und sein Palast ist's, wo wir uns versammeln.

MARIA Ihr macht mich zittern, Sir – doch nicht für Freude.
Ahnen
Mir fliegt ein böses Ahnden* durch das Herz.
Was unternehmt ihr? Wißt ihr's? Schrecken euch
Nicht Babingtons, nicht Tichburns blut'ge Häupter,
Auf Londons Brücke warnend aufgesteckt,
Nicht das Verderben der unzähligen,
Die ihren Tod in gleichem Wagstück fanden,
Und meine Ketten schwerer nur gemacht?
Unglücklicher, verführter Jüngling – flieht!
Flieht, wenn's noch Zeit ist – wenn der Späher Burleigh
Nicht jetzt schon Kundschaft hat von euch, nicht schon
In eure Mitte den Verräter mischte.
Flieht aus dem Reiche schnell! Marien Stuart
Hat noch kein Glücklicher beschützt.

MORTIMER Mich schrecken

Nicht Babingtons, nicht Tichburns blut'ge Häupter,
Auf Londons Brücke warnend aufgesteckt,
Nicht das Verderben der unzähl'gen andern,
Die ihren Tod in gleichem Wagstück fanden,
Sie fanden auch darin den ew'gen Ruhm,
Und Glück schon ist's, für eure Rettung sterben.

MARIA Umsonst! Mich rettet nicht Gewalt, nicht List.
Der Feind ist wachsam und die Macht ist sein.
Nicht Paulet nur und seiner Wächter Schar,
Ganz England hütet meines Kerkers Tore.
Der freie Wille der Elisabeth allein
Kann sie mir auftun.

MORTIMER O das hoffet nie!

MARIA Ein einz'ger Mann lebt, der sie öffnen kann.

MORTIMER
O nennt mir diesen Mann –

MARIA Graf Lester*.

MORTIMER *tritt erstaunt zurück:* Lester!
Graf Lester! – Euer blutigster Verfolger,
Der Günstling der Elisabeth – von diesem –

MARIA Bin ich zu retten, ist's allein durch ihn.
– Geht zu ihm. Öffnet euch ihm frei.
Und zur Gewähr, daß ichs bin, die euch sendet,
Bringt ihm dies Schreiben. Es enthält mein Bildnis.

Sie zieht ein Papier aus dem Busen, Mortimer tritt zurück und zögert, es anzunehmen.

Nehmt hin. Ich trag' es lange schon bei mir,
Weil eures Oheims strenge Wachsamkeit
Mir jeden Weg zu ihm gehemmt – euch sandte
Mein guter Engel –

MORTIMER Königin – dies Rätsel –
Erklärt es mir –

MARIA Graf Lester wird's euch lösen.
Vertraut ihm, er wird euch vertraun – Wer kommt?

KENNEDY *eilfertig eintretend:*
Sir Paulet naht mit einem Herrn vom Hofe.

* D.i. Graf von Leicester

MORTIMER Es ist Lord Burleigh. Faßt euch, Königin!
Hört es mit Gleichmut an, was er euch bringt.
Er entfernt sich durch eine Seitentür, Kennedy folgt ihm.

Siebenter Auftritt

Maria. Lord Burleigh, Großschatzmeister von England, und Ritter Paulet.

PAULET Ihr wünschtet heut Gewißheit eures Schicksals,
Gewißheit bringt euch Seine Herrlichkeit,
Mylord von Burleigh. Tragt sie mit Ergebung.
MARIA Mit Würde, hoff' ich, die der Unschuld ziemt.
BURLEIGH Ich komme als Gesandter des Gerichts.
MARIA Lord Burleigh leiht dienstfertig dem Gerichte,
Dem er den Geist geliehn, nun auch den Mund.
PAULET Ihr sprecht, als wüßtet ihr bereits das Urteil.
MARIA Da es Lord Burleigh bringt, so weiß ich es.
– Zur Sache, Sir.
BURLEIGH Ihr habt euch dem Gericht
Der ⌜zwei und vierzig⌝ unterworfen, Lady –
MARIA Verzeiht, Mylord, daß ich euch gleich zu Anfang
Ins Wort muß fallen – Unterworfen hätt' ich mich
Dem Richterspruch der zwei und vierzig, sagt ihr?
Ich habe keineswegs mich unterworfen.
Nie konnt ich das – ich konnte meinem Rang,
Der Würde meines Volks und ⌜meines Sohnes⌝
Und aller Fürsten nicht so viel vergeben.
Verordnet ist im englischen Gesetz,
Daß jeder Angeklagte durch Geschworne
Von seines Gleichen soll gerichtet werden.
Wer in der Kommittee* ist meines Gleichen?
Nur Könige sind meine ⌜Peers⌝.

Hier: Versammlung der Richter

BURLEIGH Ihr hörtet
Die Klagartikel an, ließt euch darüber
Vernehmen vor Gerichte –
MARIA Ja, ich habe mich
Durch ⌜Hattons⌝ arge List verleiten lassen,
Bloß meiner Ehre wegen, und im Glauben
An meiner Gründe siegende Gewalt,
Ein Ohr zu leihen jenen Klagepunkten
Und ihren Ungrund* darzutun – Das tat ich — *Haltlosigkeit
Aus Achtung für die würdigen Personen
Der Lords, nicht für ihr Amt, das ich verwerfe.
BURLEIGH Ob ihr sie anerkennt, ob nicht, Mylady,
Das ist nur eine leere Förmlichkeit,
Die des Gerichtes Lauf nicht hemmen kann.
Ihr atmet Englands Luft, genießt den Schutz,
Die Wohltat des Gesetzes, und so seid ihr
Auch seiner Herrschaft Untertan!
MARIA Ich atme
Die Luft in einem englischen Gefängnis.
Heißt das in England leben, der Gesetze
Wohltat genießen? Kenn' ich sie doch kaum.
Nie hab' ich eingewilligt, sie zu halten.
Ich bin nicht dieses Reiches* Bürgerin, — *Englands
Bin eine freie Königin des Auslands.
BURLEIGH Und denkt ihr, daß der königliche Name
Zum Freibrief dienen könne, blut'ge Zwietracht
In fremdem Lande straflos auszusäen?
Wie stünd' es um die Sicherheit der Staaten,
Wenn das gerechte Schwert der ⌜Themis⌝ nicht
Die schuld'ge Stirn des königlichen Gastes
Erreichen könnte, wie des Bettlers Haupt?
MARIA Ich will mich nicht der Rechenschaft entziehn,
Die Richter sind es nur, die ich verwerfe.
BURLEIGH Die Richter! Wie Mylady? Sind es etwa
Vom Pöbel aufgegriffene Verworfne,

Schwätzer
käuflich
in Dienst nehmen

Schamlose Zungendrescher*, denen Recht
Und Wahrheit feil* ist, die sich zum Organ
Der Unterdrückung willig dingen* lassen?
Sind's nicht die ersten Männer dieses Landes,
Selbständig gnug, um wahrhaft sein zu dürfen,
Um über Fürstenfurcht und niedrige
Bestechung weit erhaben sich zu sehn?
Sind's nicht dieselben, die ein edles Volk
Frei und gerecht regieren, deren Namen
Man nur zu nennen braucht, um jeden Zweifel,
Um jeden Argwohn schleunig stumm zu machen?
An ihrer Spitze steht der Völkerhirte,
Der fromme ⌜Primas von Kanterbury⌝,
Der ⌜weise Talbot⌝, der des Siegels wahret,
Und ⌜Howard⌝, der des Reiches Flotten führt.
Sagt! Konnte die Beherrscherin von England
Mehr tun, als aus der ganzen Monarchie
Die edelsten auslesen und zu Richtern
In diesem königlichen Streit bestellen?
Und wär's zu denken, daß Parteienhaß
Den einzelnen bestäche – Können vierzig
Erles'ne Männer sich in einem Spruche
Der Leidenschaft vereinigen?

MARIA *nach einigem Stillschweigen:*
Ich höre staunend die Gewalt des Mundes,
Der mir von je so unheilbringend war –
Wie werd' ich mich, ein ungelehrtes Weib,
Mit so kunstfert'gem Redner messen können! –
Wohl! wären diese Lords, wie ihr sie schildert,
Verstummen müßt' ich, hoffnungslos verloren
Wär meine Sache, sprächen sie mich schuldig.
Doch diese Namen, die ihr preisend nennt,
Die mich durch ihr Gewicht zermalmen sollen,
Mylord, ganz andere Rollen, seh' ich sie
In den Geschichten dieses Landes spielen.

Ich sehe diesen hohen Adel Englands,
Des Reiches majestätischen Senat,
Gleich Sklaven des ⌜Serails⌝ den Sultanslaunen
Heinrichs des Achten, meines ⌜Großohms⌝,
schmeicheln –
Ich sehe dieses edle Oberhaus,
Gleich feil mit den erkäuflichen Gemeinen,
Gesetze prägen und verrufen, Ehen
Auflösen, binden, wie der Mächtige
Gebietet, Englands Fürstentöchter heute
Enterben, mit dem Bastardnamen schänden,
Und morgen sie zu Königinnen krönen.
Ich sehe diese würd'gen Peers mit schnell
Vertauschter Überzeugung unter vier
Regierungen den Glauben ⌜viermal⌝ ändern –

BURLEIGH

Ihr nennt euch fremd in Englands Reichsgesetzen,
In Englands Unglück seid ihr sehr bewandert.

MARIA

Und das sind meine Richter! – Lord Schatzmeister!
Ich will gerecht sein gegen euch! Seid ihr's
Auch gegen mich – Man sagt, ihr meint es gut
Mit diesem Staat, mit eurer Königin,
Seid unbestechlich, wachsam, unermüdet –
Ich will es glauben. Nicht der eigne Nutzen
Regiert euch, euch regiert allein der Vorteil
Des Souveräns, des Landes. Eben darum
Mißtraut euch, edler Lord, daß nicht der Nutzen
Des Staats euch als Gerechtigkeit erscheine.
Nicht zweifl' ich dran, es sitzen neben euch
Noch edle Männer unter meinen Richtern.
Doch sie sind Protestanten, Eiferer
Für Englands Wohl, und sprechen über mich,
Die Königin von Schottland, die Papistin*!
Es kann der Brite gegen den Schotten nicht

Anhängerin des Papsttums

Gerecht sein, ist ein uralt Wort – Drum ist
Herkömmlich seit der Väter grauen Zeit,
Daß vor Gericht kein Brite gegen den Schotten,
Kein Schotte gegen jenen zeugen darf.
Die Not gab dieses seltsame Gesetz,
Ein tiefer Sinn wohnt in den alten Bräuchen,
Man muß sie ehren, Mylord – die Natur
Warf diese beiden feurgen Völkerschaften
Auf dieses Brett im Ozean, ungleich
Verteilte sie's, und hieß sie darum kämpfen.
Der ⌜Tweede⌝ schmales Bette trennt allein
Die heft'gen Geister, oft vermischte sich
Das Blut der Kämpfenden in ihren Wellen.
Die Hand am Schwerte, schauen sie sich drohend
Von beiden Ufern an, seit tausend Jahren.
Kein Feind bedränget Engelland, dem nicht
Der Schotte sich zum Helfer zugesellte,
Kein Bürgerkrieg entzündet Schottlands Städte,
Zu dem der Brite nicht den ⌜Zunder⌝ trug.
Und nicht erlöschen wird der Haß, bis endlich
Ein Parlament sie brüderlich vereint,
Ein Zepter waltet durch die ganze Insel.

BURLEIGH Und eine Stuart sollte dieses Glück
Dem Reich gewähren?

MARIA Warum soll ich's leugnen?
Ja ich gesteh's, daß ich die Hoffnung nährte,
Zwei edle Nationen unterm Schatten
Friedensbaums Des Ölbaums* frei und fröhlich zu vereinen.
Nicht ihres Völkerhasses Opfer glaubt' ich
Zu werden; ihre lange Eifersucht,
Der alten Zwietracht unglücksel'ge Glut
Hofft' ich auf ew'ge Tage zu ersticken,
Und wie mein ⌜Ahnherr Richmond⌝ die ⌜zwei Rosen⌝
Zusammenband nach blut'gem Streit, die Kronen
Schottland und England friedlich zu vermählen.

BURLEIGH Auf schlimmem Weg verfolgtet ihr dies Ziel,
Da ihr das Reich entzünden, durch die Flammen
Des Bürgerkriegs zum Throne steigen wolltet.

MARIA
Das wollt' ich nicht – beim großen Gott des Himmels!
Wann hätt' ich das gewollt? Wo sind die Proben*? — Beweise

BURLEIGH Nicht Streitens wegen kam ich her. Die Sache
Ist keinem Wortgefecht mehr unterworfen.
Es ist erkannt* durch vierzig Stimmen gegen zwei, — ein Urteil gefällt
Daß ihr die Akte vom vergangnen Jahr
Gebrochen, dem Gesetz verfallen seid.
Es ist verordnet im vergangnen Jahr:
»Wenn sich Tumult im Königreich erhübe,
Im Namen und zum Nutzen irgend einer
Person, die Rechte vorgibt an die Krone,
Daß man gerichtlich gegen sie verfahre,
Bis in den Tod die Schuldige verfolge« –
Und da bewiesen ist –

MARIA Mylord von Burleigh!
Ich zweifle nicht, daß ein Gesetz, ausdrücklich
Auf mich gemacht, verfaßt, mich zu verderben,
Sich gegen mich wird brauchen lassen – Wehe
Dem armen Opfer, wenn derselbe Mund,
Der das Gesetz gab, auch das Urteil spricht!
Könnt ihr es leugnen, Lord, daß jene Akte
Zu meinem Untergang ersonnen ist?

BURLEIGH Zu eurer Warnung sollte sie gereichen,
Zum Fallstrick habt ihr selber sie gemacht.
Den Abgrund saht ihr, der vor euch sich auftat,
Und treugewarnet stürztet ihr hinein.
Ihr wart mit Babington, dem Hochverräter,
Und seinen Mordgesellen einverstanden,
Ihr hattet Wissenschaft* von allem, lenktet — Kenntnis
Aus eurem Kerker planvoll die Verschwörung.

MARIA Wann hätt' ich das getan? Man zeige mir
Die Dokumente auf.

BURLEIGH Die hat man euch
Schon neulich vor Gerichte vorgewiesen.
MARIA Die Kopien, von fremder Hand geschrieben!
Man bringe die Beweise mir herbei,
Daß ich sie selbst diktiert, daß ich sie s o
Diktiert, gerade so, wie man gelesen.
BURLEIGH Daß es dieselben sind, die er empfangen,
Hat Babington vor seinem Tod bekannt.
MARIA Und warum stellte man ihn mir nicht lebend
Vor Augen? Warum eilte man so sehr,
Ihn aus der Welt zu fördern, eh' man ihn
Mir, Stirne gegen Stirne, vorgeführt?
BURLEIGH Auch eure Schreiber, ⌜Kurl und Nau⌝, erhärten
Mit einem Eid, daß es die Briefe seien,
Die sie aus eurem Munde niederschrieben.
MARIA Und auf das Zeugnis meiner Hausbedienten
Verdammt man mich? Auf Treu und Glauben derer,
Die mich verraten, ihre Königin,
Die in demselben Augenblick die Treu
Mir brachen, da sie gegen mich gezeugt?
BURLEIGH Ihr selbst erklärtet sonst den Schotten Kurl
Für einen Mann von Tugend und Gewissen.
MARIA So kannt' ich ihn – doch eines Mannes Tugend
Erprobt allein die Stunde der Gefahr.
Die Folter konnt' ihn ängstigen, daß er
Aussagte und gestand, was er nicht wußte!
Durch falsches Zeugnis glaubt' er sich zu retten,
Und mir, der Königin, nicht viel zu schaden.
BURLEIGH Mit einem freien Eid hat er's beschworen.
MARIA Vor meinem Angesichte nicht! – Wie, Sir?
Das sind zwei Zeugen, die noch beide leben!
Man stelle sie mir gegenüber, lasse sie
Ihr Zeugnis mir ins Antlitz wiederholen!
Warum mir eine Gunst, ein Recht verweigern,
Das man dem Mörder nicht versagt? Ich weiß

Aus Talbots Munde, meines vor'gen Hüters,
Daß unter dieser nämlichen Regierung
Ein Reichsschluß* durchgegangen, der befiehlt,
Den Kläger dem Beklagten vorzustellen.
Wie? Oder hab' ich falsch gehört? – Sir Paulet!
Ich hab' euch stets als Biedermann* erfunden,
Beweist es jetzo. Sagt mir auf Gewissen,
Ist's nicht so? Gibt's kein solch Gesetz in England?

Beschluss des Reiches

verlässlichen Menschen

PAULET So ist's, Mylady. Das ist bei uns Rechtens.
Was wahr ist, muß ich sagen.

MARIA Nun, Mylord!
Wenn man mich denn so streng nach englischem Recht
Behandelt, wo dies Recht mich unterdrückt,
Warum dasselbe Landesrecht umgehen,
Wenn es mir Wohltat werden kann? – Antwortet!
Warum ward Babington mir nicht vor Augen
Gestellt, wie das Gesetz befiehlt? Warum
Nicht meine Schreiber, die noch beide leben?

BURLEIGH Ereifert euch nicht, Lady. Euer Einverständnis
Mit Babington ist's nicht allein –

MARIA Es ist's
Allein, was mich dem Schwerte des Gesetzes
Bloßstellt, wovon ich mich zu rein'gen habe.
Mylord! Bleibt bei der Sache. Beugt nicht aus*.

Weicht nicht ab

BURLEIGH Es ist bewiesen, daß ihr mit ⌜Mendoza⌝,
Dem spanischen Botschafter, unterhandelt –

MARIA *lebhaft:*
Bleibt bei der Sache, Lord!

BURLEIGH Daß ihr Anschläge
Geschmiedet, die Religion des Landes
Zu stürzen, alle Könige Europens
Zum Krieg mit England aufgeregt –

MARIA Und wenn ich's
Getan? Ich hab' es nicht getan – Jedoch
Gesetzt, ich tats! – Mylord, man hält mich hier

Gefangen wider alle Völkerrechte.
Nicht mit dem Schwerte kam ich in dies Land,
Ich kam herein, als eine Bittende,
Das heil'ge Gastrecht fodernd, in den Arm
Der blutsverwandten Königin mich werfend –
Und so ergriff mich die Gewalt, bereitete
Mir Ketten, wo ich Schutz gehofft – Sagt an!
Ist mein Gewissen gegen diesen Staat
Gebunden? Hab' ich Pflichten gegen England?
Ein heilig Zwangsrecht üb' ich aus, da ich
Aus diesen Banden strebe, Macht mit Macht
Abwende, alle Staaten dieses Weltteils
Zu meinem Schutz aufrühre und bewege.
Was irgend nur in einem guten Krieg
Recht ist und ritterlich, das darf ich üben.
Den Mord allein, die heimlich blut'ge Tat,
Verbietet mir mein Stolz und mein Gewissen,
Mord würde mich beflecken und entehren.
Entehren sag' ich – keinesweges mich
Verdammen, einem Rechtsspruch unterwerfen.
Denn nicht vom Rechte, von Gewalt allein
Ist zwischen mir und Engelland die Rede.

BURLEIGH *bedeutend:*
Nicht auf der Stärke schrecklich Recht beruft euch,
Mylady! Es ist der Gefangenen nicht günstig.

MARIA Ich bin die Schwache, sie die Mächt'ge – Wohl!
Sie brauche die Gewalt, sie töte mich,
Sie bringe ihrer Sicherheit das Opfer.
Doch sie gestehe dann, daß sie die Macht
Allein, nicht die Gerechtigkeit geübt.
Nicht vom Gesetze borge sie das Schwert,
Sich der verhaßten Feindin zu entladen,
Und kleide nicht in heiliges Gewand
Der rohen Stärke blutiges Erkühnen.
Solch Gaukelspiel betrüge nicht die Welt!

Ermorden lassen kann sie mich, nicht richten!
Sie geb' es auf, mit des Verbrechens Früchten
Den heil'gen Schein der Tugend zu vereinen,
Und was sie ist, das wage sie zu scheinen!
Sie geht ab.

Achter Auftritt

Burleigh. Paulet.

BURLEIGH Sie trotzt uns – wird uns trotzen, Ritter Paulet,
Bis an die Stufen des Schafotts – Dies stolze Herz
Ist nicht zu brechen – Überraschte sie
Der Urtelspruch*? Saht ihr sie eine Träne
Vergießen? Ihre Farbe nur verändern?
Nicht unser Mitleid ruft' sie an. Wohl kennt sie
Den Zweifelmut der Königin von England,
Und unsre Furcht ist's, was sie mutig macht.

Urteilsspruch

PAULET
Lord Großschatzmeister! Dieser eitle Trotz wird schnell
Verschwinden, wenn man ihm den Vorwand raubt.
Es sind Unziemlichkeiten* vorgegangen
In diesem Rechtstreit, wenn ich's sagen darf.
Man hätte diesen Babington und Tichburn
Ihr in Person vorführen, ihre Schreiber
Ihr gegenüber stellen sollen.

Unpassendes; etwas, was nicht rechtens ist

BURLEIGH *schnell:* Nein!
Nein, Ritter Paulet! Das war nicht zu wagen.
Zu groß ist ihre Macht auf die Gemüter
Und ihrer Tränen weibliche Gewalt.
Ihr Schreiber Kurl, ständ' er ihr gegenüber,
Käm' es dazu, das Wort nun auszusprechen,
An dem ihr Leben hängt – er würde zaghaft
Zurückziehn, sein Geständnis widerrufen –

PAULET So werden Englands Feinde alle Welt
Erfüllen mit gehässigen Gerüchten,
Und des Prozesses festliches Gepräng
Wird als ein kühner Frevel nur erscheinen.
BURLEIGH Dies ist der Kummer unsrer Königin –
Daß diese Stifterin des Unheils doch
Gestorben wäre, ehe sie den Fuß
Auf Englands Boden setzte!
PAULET Dazu sag' ich Amen.
BURLEIGH Daß Krankheit sie im Kerker aufgerieben!
PAULET Viel Unglück hätt' es diesem Land erspart.
BURLEIGH Doch hätt' auch gleich ein Zufall der Natur
Sie hingerafft – Wir hießen doch die Mörder.
PAULET
Wohl wahr. Man kann den Menschen nicht verwehren,
Zu denken, was sie wollen.
BURLEIGH Zu beweisen wär's
Doch nicht, und würde weniger Geräusch erregen –
PAULET Mag es Geräusch erregen! Nicht der laute,
Nur der gerechte Tadel kann verletzen.
BURLEIGH O! auch die heilige Gerechtigkeit
Entflieht dem Tadel nicht. Die Meinung hält es
Mit dem Unglücklichen, es wird der Neid
Stets den obsiegend* glücklichen verfolgen.
(* obsiegend: jemanden besiegend)
Das Richterschwert, womit der Mann sich ziert,
Verhaßt ist's in der Frauen Hand. Die Welt
Glaubt nicht an die Gerechtigkeit des Weibes,
Sobald ein Weib das Opfer wird. Umsonst,
Daß wir, die Richter, nach Gewissen sprachen!
Sie hat der Gnade königliches Recht,
Sie muß es brauchen, unerträglich ist's,
Wenn sie den strengen Lauf läßt dem Gesetze!
PAULET Und also –
BURLEIGH *rasch einfallend:*
Also soll sie leben? Nein!

Sie darf nicht leben! Nimmermehr! Dies, eben
Dies ist's, was unsre Königin beängstigt –
Warum der Schlaf ihr Lager flieht – Ich lese
In ihren Augen ihrer Seele Kampf,
Ihr Mund wagt ihre Wünsche nicht zu sprechen,
Doch vielbedeutend fragt ihr stummer Blick:
Ist unter allen meinen Dienern keiner,
Der die verhaßte Wahl mir spart, in ew'ger Furcht
Auf meinem Thron zu zittern, oder grausam
Die Königin, die eigne Blutsverwandte
Dem Beil zu unterwerfen?

PAULET
Das ist nun die Notwendigkeit, steht nicht zu ändern.

BURLEIGH Wohl stünd's zu ändern, meint die Königin,
Wenn sie nur aufmerksam're Diener hätte.

PAULET Aufmerksame!

BURLEIGH Die einen stummen Auftrag
Zu deuten wissen.

PAULET Einen stummen Auftrag!

BURLEIGH Die, wenn man ihnen eine gift'ge Schlange
Zu hüten gab, den anvertrauten Feind
Nicht wie ein heilig teures Kleinod hüten.

PAULET *bedeutungsvoll:*
Ein hohes Kleinod ist der gute Name,
Der unbescholtne Ruf der Königin,
Den kann man nicht zu wohl bewachen, Sir!

BURLEIGH Als man die Lady von dem Schrewsbury
Wegnahm und Ritter Paulets Hut vertraute,
Da war die Meinung –

PAULET Ich will hoffen, Sir,
Die Meinung war, daß man den schwersten Auftrag
Den reinsten Händen übergeben wollte.
Bei Gott! Ich hätte dieses Schergenamt*
Nicht übernommen, dächt' ich nicht, daß es
Den besten Mann in England foderte.

Amt des Gerichtsdieners

Laßt mich nicht denken, daß ich's etwas anderm
Als meinem reinen Rufe schuldig bin.

BURLEIGH Man breitet aus, sie schwinde, läßt sie kränker
Und kränker werden, endlich still verscheiden,
So stirbt sie in der Menschen Angedenken –
Und euer Ruf bleibt rein.

PAULET Nicht mein Gewissen.

BURLEIGH Wenn ihr die eigne Hand nicht leihen wollt,
So werdet ihr der fremden doch nicht wehren –

PAULET *unterbricht ihn:*
Kein Mörder soll sich ihrer Schwelle nahn,
Hausgötter
So lang die Götter meines Dachs* sie schützen.
Ihr Leben ist mir heilig, heil'ger nicht
Ist mir das Haupt der Königin von England.
Ihr seid die Richter! Richtet! ⌜Brecht den Stab⌝!
Und wenn es Zeit ist, laßt den Zimmerer
Mit Axt und Säge kommen, das Gerüst
Aufschlagen – für den Sheriff und den Henker
Soll meines Schlosses Pforte offen sein.
Jetzt ist sie zur Bewahrung mir vertraut,
Und seid gewiß, ich werde sie bewahren,
Daß sie nichts Böses tun soll, noch erfahren!
gehen ab.

Zweiter Aufzug

Der Palast zu Westminster.

Erster Auftritt

Der Graf von Kent und Sir William Davison begegnen einander.

DAVISON
Seid ihrs, Mylord von Kent? Schon vom Turnierplatz
Zurück, und ist die Festlichkeit zu Ende?
KENT Wie? Wohntet ihr dem ⌜Ritterspiel⌝ nicht bei?
DAVISON
Mich hielt mein Amt.
KENT Ihr habt das schönste Schauspiel
Verloren, Sir, das der Geschmack ersonnen,
Und edler Anstand ausgeführt – denn wißt!
Es wurde vorgestellt die keusche Festung
Der Schönheit, wie sie vom Verlangen
Berennt wird – Der Lord Marschall, Oberrichter
Der ⌜Seneschall⌝ nebst zehen andern Rittern
Der Königin verteidigten die Festung,
Und Frankreichs Kavaliere griffen an.
Voraus erschien ein Herold*, der das Schloß
Aufforderte in einem Madrigale*,
Und von dem Wall antwortete der Kanzler.
Drauf spielte* das Geschütz, und Blumensträuße,
Wohlriechend köstliche Essenzen* wurden
Aus niedlichen Feldstücken* abgefeuert.
Umsonst! die Stürme wurden abgeschlagen,
Und das Verlangen mußte sich zurückziehn.

Ausrufer, Bote

Kürzeres, singbares Gedicht

Hier: trat in Aktion

Konzentrierte Lösung von Geschmacks- und Duftstoffen

Kanonen

DAVISON Ein Zeichen böser Vorbedeutung, Graf,
Für die Französische Brautwerbung.
KENT Nun, nun, das war ein Scherz – Im Ernste denk' ich,
Wird sich die Festung endlich doch ergeben.
DAVISON Glaubt ihr? Ich glaub' es nimmermehr.
KENT Die schwierigsten Artikel* sind bereits

Unterteilung bei einem Rechtsdokument

Berichtigt und von Frankreich zugestanden.
Monsieur* begnügt sich, in verschlossener

Franz von Anjou

Kapelle seinen Gottesdienst zu halten,
Und öffentlich die Reichsreligion
Zu ehren und zu schützen – Hättet ihr den Jubel
Des Volks gesehn, als diese Zeitung* sich verbreitet!

Nachricht

Denn dieses war des Landes ew'ge Furcht,
Sie möchte sterben ohne Leibeserben,
Und England wieder Papstes Fesseln tragen,
Wenn ihr die Stuart auf dem Throne folgte.
DAVISON Der Furcht kann es entledigt sein – Sie geht
Ins Brautgemach, die Stuart geht zum Tode.
KENT Die Königin kommt!

Zweiter Auftritt

Die Vorigen. Elisabeth, von Leicester geführt. Graf Aubespine, Bellievre, Graf Schrewsbury, Lord Burleigh mit noch andern Französischen und Englischen Herren treten auf.

ELISABETH *Zu Aubespine:*
Graf! Ich beklage diese edeln Herrn,
Die ihr galanter* Eifer über Meer

höflicher, ritterlicher

Hieher geführt, daß sie die Herrlichkeit
Des Hofs von ⌜S. Germain⌝ bei mir vermissen.
Ich kann so prächt'ge Götterfeste nicht

Erfinden als die königliche Mutter* — Katharina von Medici; s. Erl. zu 11.48
Von Frankreich – Ein gesittet fröhlich Volk,
Das sich, so oft ich öffentlich mich zeige,
Mit Segnungen um meine Sänfte drängt,
Dies ist das Schauspiel, das ich fremden Augen
Mit ein'gem Stolze zeigen kann. Der Glanz
Der Edelfräulein, die im Schönheitsgarten
Der Katharina blühn, verbärge nur
Mich selber und mein schimmerlos Verdienst.
AUBESPINE Nur Eine Dame zeigt Westminsterhof
Dem überraschten Fremden – aber alles,
Was an dem reizenden Geschlecht entzückt,
Stellt sich versammelt dar in dieser einen.
BELLIEVRE Erhabne Majestät von Engelland,
Vergönne, daß wir unsern Urlaub* nehmen, — Abschied
Und Monsieur, unsern königlichen Herrn,
Mit der ersehnten Freudenpost beglücken.
Ihn hat des Herzens heiße Ungeduld
Nicht in Paris gelassen, er erwartet
Zu Amiens* die Boten seines Glücks, — Stadt in Nordfrankreich
Und bis nach ⌜Kalais⌝ reichen seine Posten,
Das Jawort, das dein königlicher Mund
Aussprechen wird, mit Flügelschnelligkeit
Zu seinem trunknen Ohre hinzutragen.
ELISABETH Graf Bellievre, dringt nicht weiter in mich.
Nicht Zeit ist's jetzt, ich wiederhol es euch,
Die freud'ge ⌜Hochzeitfackel⌝ anzuzünden.
Schwarz hängt der Himmel über diesem Land,
Und besser ziemte mir der Trauerflor*, — Trauerschleier
Als das Gepränge bräutlicher Gewänder.
Denn nahe droht ein jammervoller Schlag
Mein Herz zu treffen und mein eignes Haus.
BELLIEVRE Nur dein Versprechen gib uns, Königin,
In frohern Tagen folge die Erfüllung.
ELISABETH Die Könige sind nur Sklaven ihres Standes,

Dem eignen Herzen dürfen sie nicht folgen.
Mein Wunsch war's immer, unvermählt zu sterben,
Und meinen Ruhm hätt' ich darein gesetzt,
Daß man dereinst auf meinem Grabstein läse:
Hier ruht die jungfräuliche Königin.
Doch meine Untertanen wollens nicht,
Sie denken jetzt schon fleißig an die Zeit,
tot sein Wo ich dahin sein* werde – Nicht genug,
Daß jetzt der Segen dieses Land beglückt,
Auch ihrem künftgen Wohl soll ich mich opfern,
Auch meine jungfräuliche Freiheit soll ich,
Mein höchstes Gut, hingeben für mein Volk,
Und der Gebieter wird mir aufgedrungen.
Es zeigt mir dadurch an, daß ich ihm nur
Ein Weib bin, und ich meinte doch, regiert
Zu haben, wie ein Mann, und wie ein König.
Wohl weiß ich, daß man Gott nicht dient, wenn man
Die Ordnung der Natur verläßt, und Lob
Verdienen sie, die vor mir hier gewaltet,
aufgehoben Daß sie die Klöster aufgetan*, und tausend
Schlachtopfer einer falschverstandnen Andacht
Den Pflichten der Natur zurückgegeben.
Doch eine Königin, die ihre Tage
Nicht ungenützt in müßiger Beschauung
Verbringt, die unverdrossen, unermüdet,
Die schwerste aller Pflichten übt, die sollte
Von dem Naturzweck ausgenommen sein,
Der Eine Hälfte des Geschlechts der Menschen
Der andern unterwürfig macht –
AUBESPINE Jedwede Tugend, Königin, hast du
Auf deinem Thron verherrlicht, nichts ist übrig,
Als dem Geschlechte, dessen Ruhm du bist,
Auch noch in seinen eigensten Verdiensten
Als Muster vorzuleuchten. Freilich lebt
Kein Mann auf Erden, der es würdig ist,

Daß du die Freiheit ihm zum Opfer brächtest.
Doch wenn Geburt, wenn Hoheit, Heldentugend
Und Männerschönheit einen Sterblichen
Der Ehre würdig machen, so –

ELISABETH Kein Zweifel,
Herr Abgesandter, daß ein Ehebündnis
Mit einem königlichen Sohne Frankreichs
Mich ehrt! Ja, ich gesteh es unverhohlen,
Wenn es sein muß – wenn ichs nicht ändern kann,
Dem Dringen meines Volkes nachzugeben –
Und es wird stärker sein als ich, befürcht' ich –
So kenn' ich in Europa keinen Fürsten,
Dem ich mein höchstes Kleinod, meine Freiheit,
Mit minderm Widerwillen opfern würde.
Laßt dies Geständnis euch Genüge tun.

BELLIEVRE Es ist die schönste Hoffnung, doch es ist
Nur eine Hoffnung, und mein Herr wünscht mehr –

ELISABETH Was wünscht er?
Sie zieht einen Ring vom Finger und betrachtet ihn nachdenkend
Hat die Königin doch nichts
Voraus vor dem gemeinen Bürgerweibe!
Das gleiche Zeichen weist auf gleiche Pflicht,
Auf gleiche Dienstbarkeit – Der Ring macht Ehen,
Und Ringe sind's, die eine Kette machen.
– Bringt seiner Hoheit dies Geschenk. Es ist
Noch keine Kette, bindet mich noch nicht,
Doch kann ein Reif draus werden, der mich bindet.

BELLIEVRE *kniet nieder, den Ring empfangend:*
In seinem Namen, große Königin,
Empfang' ich kniend dies Geschenk, und drücke
Den Kuß der Huldigung auf meiner Fürstin Hand!

ELISABETH *zum Grafen Leicester, den sie während der letzten Rede unverwandt betrachtet hat:*
Erlaubt, Mylord!

Sie nimmt ihm ⌜das blaue Band ab, und hängt es dem Bellievre um.

Bekleidet Seine Hoheit
Mit diesem Schmuck, wie ich euch hier damit
Bekleide und in meines Ordens Pflichten nehme.
Hony soit qui mal y pense!⌝ – Es schwinde
Der Argwohn zwischen beiden Nationen,
Und ein vertraulich Band umschlinge fortan
Die Kronen Frankreich und Britannien!

AUBESPINE Erhabne Königin, dies ist ein Tag
Der Freude! Möcht' er's allen sein und möchte
Kein Leidender auf dieser Insel trauern!
Die Gnade glänzt auf deinem Angesicht,
O! daß ein Schimmer ihres heitern Lichts
Auf eine unglücksvolle Fürstin fiele,
Die Frankreich und Britannien gleich nahe
Angeht –

ELISABETH Nicht weiter, Graf! Vermengen wir
Nicht zwei ganz unvereinbare Geschäfte.
Wenn Frankreich ernstlich meinen Bund verlangt,
Muß es auch meine Sorgen mit mir teilen,
Und meiner Feinde Freund nicht sein –

AUBESPINE Unwürdig
In deinen eignen Augen würd' es handeln,
Wenn es die Unglückselige, die Glaubens-
Verwandte, und die Witwe seines Königs
In diesem Bund vergäße – Schon die Ehre,
Die Menschlichkeit verlangt –

ELISABETH In diesem Sinn
Weiß ich sein Fürwort nach Gebühr zu schätzen.
Frankreich erfüllt die Freundespflicht, mir wird
Verstattet sein, als Königin zu handeln.

Sie neigt sich gegen die französischen Herrn, welche sich mit den übrigen Lords ehrfurchtsvoll entfernen.

Dritter Auftritt

Elisabeth. Leicester. Burleigh. Talbot. Die Königin setzt sich.

BURLEIGH Ruhmvolle Königin! Du krönest heut
Die heißen Wünsche deines Volks. Nun erst
Erfreun wir uns der segenvollen Tage,
Die du uns schenkst, da wir nicht zitternd mehr
In eine stürmevolle Zukunft schauen.
Nur eine Sorge kümmert noch dies Land,
Ein Opfer ist's, das alle Stimmen fodern.
Gewähr auch dieses, und der heut'ge Tag
Hat Englands Wohl auf immerdar gegründet.

ELISABETH
Was wünscht mein Volk noch? Sprecht, Mylord.

BURLEIGH Es fodert
Das Haupt der Stuart – Wenn du deinem Volk
Der Freiheit köstliches Geschenk, das teuer
Erworbne Licht der Wahrheit willst versichern,
So muß sie nicht mehr sein – Wenn wir nicht ewig
Für dein kostbares Leben zittern sollen,
So muß die Feindin untergehn! – Du weißt es,
Nicht alle deine Briten denken gleich,
Noch viele heimliche Verehrer zählt
Der röm'sche Götzendienst* auf dieser Insel.
Die alle nähren feindliche Gedanken,
Nach dieser Stuart steht ihr Herz, sie sind
Im Bunde mit den ⌜lothringischen Brüdern⌝,
Den unversöhnten Feinden deines Namens.
Dir ist von dieser wütenden Partei
Der grimmige Vertilgungskrieg geschworen,
Den man mit falschen Höllenwaffen führt.
Zu Rheims, dem Bischofssitz des Kardinals,
Dort ist das Rüsthaus, wo sie Blitze schmieden,

Hier: Katholizismus

Dort wird der Königsmord gelehrt – Von dort
Geschäftig senden sie nach deiner Insel
Die Missionen aus, entschloßne Schwärmer,
In allerlei Gewand vermummt – Von dort
Ist schon der dritte Mörder ausgegangen,
Und unerschöpflich, ewig neu erzeugen
Verborgne Feinde sich aus diesem Schlunde.
– Und in dem Schloß zu Fotheringhay sitzt
Griech. Göttin der Zwietracht
Die Ate* dieses ew'gen Kriegs, die mit
Der Liebesfackel dieses Reich entzündet.
Für sie, die schmeichelnd jedem Hoffnung gibt,
Weiht sich die Jugend dem gewissen Tod –
Sie zu befreien, ist die Losung, sie
Auf deinen Thron zu setzen, ist der Zweck.
Denn dies Geschlecht der Lothringer erkennt
Dein heilig Recht nicht an, du heißest ihnen
Nur eine Räuberin des Throns, gekrönt
Vom Glück! Sie warens, die die Törichte
Verführt, sich ⌜Englands Königin zu schreiben⌝.
Kein Friede ist mit ihr und ihrem Stamm!
Du mußt den Streich erleiden oder führen.
Ihr Leben ist dein Tod! Ihr Tod dein Leben!
ELISABETH Mylord! Ein traurig Amt verwaltet ihr.
Ich kenne eures Eifers reinen Trieb,
reine, lautere
Weiß, daß gediegne* Weisheit aus euch redet,
Doch diese Weisheit, welche Blut befiehlt,
Ich hasse sie in meiner tiefsten Seele.
Sinnt einen mildern Rat aus – Edler Lord
Von Schrewsbury! Sagt ihr uns eure Meinung.
TALBOT Du gabst dem Eifer ein gebührend Lob,
Der Burleighs treue Brust beseelt – Auch mir,
Strömt es mir gleich nicht so beredt vom Munde,
Schlägt in der Brust kein minder treues Herz.
Mögst du noch lange leben, Königin,
Die Freude deines Volks zu sein, das Glück

Des Friedens diesem Reiche zu verlängern.
So schöne Tage hat dies Eiland nie
Gesehn, seit eigne Fürsten es regieren.
Mög' es sein Glück mit seinem Ruhme nicht
Erkaufen! Möge Talbots Auge wenigstens
Geschlossen sein, wenn dies geschieht!

ELISABETH Verhüte Gott, daß wir den Ruhm befleckten!

TALBOT
Nun dann, so wirst du auf ein ander Mittel sinnen,
Dies Reich zu retten – denn die Hinrichtung
Der Stuart ist ein ungerechtes Mittel.
Du kannst das Urteil über die nicht sprechen,
Die dir nicht untertänig ist.

ELISABETH So irrt
Mein Staatsrat und mein Parlament, im Irrtum
Sind alle Richterhöfe dieses Landes,
Die mir dies Recht einstimmig zuerkannt –

TALBOT Nicht Stimmenmehrheit ist des Rechtes Probe,
England ist nicht die Welt, dein Parlament
Nicht der Verein der menschlichen Geschlechter.
Dies heut'ge England ist das künft'ge nicht,
Wie's das vergangne nicht mehr ist – Wie sich
Die Neigung anders wendet, also steigt
Und fällt des *Urteils* wandelbare Woge.
Sag nicht, du müssest der Notwendigkeit
Gehorchen und dem Dringen deines Volks.
Sobald du willst, in jedem Augenblick
Kannst du erproben, daß dein Wille frei ist.
Versuch's! Erkläre, daß du Blut verabscheust,
Der Schwester Leben *willst* gerettet sehn,
Zeig denen, die dir anders raten wollen,
Die Wahrheit deines königlichen Zorns,
Schnell wirst du die Notwendigkeit verschwinden
Und Recht in Unrecht sich verwandeln sehn.
Du selbst mußt richten, du allein. Du kannst dich

Auf dieses unstet schwanke Rohr nicht lehnen
Der eignen Milde folge du getrost.
Nicht Strenge legte Gott in's weiche Herz
Des Weibes – Und die Stifter dieses Reichs,
Die auch ⌜dem Weib die Herrscherzügel⌝ gaben,
Sie zeigten an, daß Strenge nicht die Tugend
Der Könige soll sein in diesem Lande.

ELISABETH Ein warmer Anwalt ist Graf Schrewsbury
Für meine Feindin und des Reichs. Ich ziehe
Die Räte vor, die meine Wohlfahrt* lieben. — Wohlergehen

TALBOT Man gönnt ihr keinen Anwalt, niemand wagt's,
Zu ihrem Vorteil sprechend, deinem Zorn
Sich bloß zu stellen – So vergönne mir,
Dem alten Manne, den am Grabesrand
Kein irdisch Hoffen mehr verführen kann,
Daß ich die Aufgegebene beschütze.
Man soll nicht sagen, daß in deinem Staatsrat
Die Leidenschaft, die Selbstsucht eine Stimme
Gehabt, nur die Barmherzigkeit geschwiegen.
Verbündet hat sich alles wider sie,
Du selber hast ihr Antlitz nie gesehn,
Nichts spricht in deinem Herzen für die Fremde.
– Nicht ihrer Schuld red' ich das Wort. Man sagt,
Sie habe den Gemahl ermorden lassen,
Wahr ist's, daß sie den Mörder ehlichte.
Ein schwer Verbrechen! – Aber es geschah
In einer finster unglücksvollen Zeit,
Im Angstgedränge bürgerlichen Kriegs,
Wo sie, die Schwache, sich umrungen sah
Von heftigdringenden Vasallen*, sich — Lehnsmänner
Dem Mutvollstärksten in die Arme warf –
Wer weiß, durch welcher Künste Macht besiegt?
Denn ein gebrechlich Wesen ist das Weib.

ELISABETH
Das Weib ist nicht schwach. Es gibt starke Seelen

In dem Geschlecht – Ich will in meinem Beisein
Nichts von der Schwäche des Geschlechtes hören.

TALBOT Dir war das Unglück eine strenge Schule.
Nicht seine Freudenseite kehrte *dir*
Das Leben zu. Du sahest keinen Thron
Von ferne, nur das Grab zu deinen Füßen.
Zu ⌜Woodstock⌝ war's und in des Towers Nacht,
Wo dich der gnäd'ge Vater dieses Landes
Zur ersten Pflicht durch Trübsal auferzog.
Dort suchte dich der Schmeichler nicht. Früh lernte,
Vom eiteln Weltgeräusche nicht zerstreut,
Dein Geist sich sammeln, denkend in sich gehn,
Und dieses Lebens wahre Güter schätzen.
– Die Arme rettete kein Gott. Ein zartes Kind
Ward sie verpflanzt nach Frankreich, an den Hof
Des Leichtsinns, der gedankenlosen Freude.
Dort in der Feste ew'ger Trunkenheit,
Vernahm sie nie der Wahrheit ernste Stimme.
Geblendet ward sie von der Laster Glanz,
Und fortgeführt vom Strome des Verderbens.
Ihr ward der Schönheit eitles Gut zuteil,
Sie überstrahlte blühend alle Weiber,
Und durch Gestalt nicht minder als Geburt – –

ELISABETH
Kommt zu euch selbst, Mylord von Schrewsbury!
Denkt, daß wir hier im ernsten Rate sitzen.
Das müssen Reize sondergleichen sein,
Die einen Greis in solches Feuer setzen.
– Mylord von Lester! Ihr allein schweigt still?
Was ihn beredt macht, bindet's euch die Zunge?

LEICESTER Ich schweige für Erstaunen, Königin,
Daß man dein Ohr mit Schrecknissen erfüllt,
Daß diese Märchen, die in Londons Gassen
Den gläub'gen Pöbel ängsten, bis herauf
In deines Staatsrats heitre Mitte steigen,

Und weise Männer ernst beschäftigen.
Verwunderung ergreift mich, ich gesteh's,
Daß diese Länderlose Königin
Von Schottland, die den eignen kleinen Thron
Nicht zu behaupten wußte, ihrer eignen
Vasallen Spott, der Auswurf* ihres Landes,
Dein Schrecken wird auf einmal im Gefängnis!
– Was, beim Allmächt'gen! machte sie dir furchtbar?
Daß sie dies Reich in Anspruch nimmt, daß dich
Die ⌜Guisen⌝ nicht als Königin erkennen?
Kann dieser Guisen Widerspruch das Recht
Entkräften, das Geburt dir gab, der Schluß
Der Parlamente dir bestätigte?
Ist *sie* durch Heinrichs letzten Willen nicht
Stillschweigend abgewiesen, und wird England
So glücklich im Genuß des neuen Lichts,
Sich der Papistin in die Arme werfen?
Von dir, der angebeteten Monarchin,
Zu Darnleys Mörderin hinüberlaufen?
Was wollen diese ungestümen Menschen,
Die dich noch lebend mit der Erbin quälen,
Dich nicht geschwind genug vermählen können,
Um Staat und Kirche von Gefahr zu retten?
Stehst du nicht blühend da in Jugendkraft,
Welkt jene nicht mit jedem Tag zum Grabe?
Bei Gott! Du wirst, ich hoff's, noch viele Jahre
Auf ihrem Grabe wandeln, ohne daß
Du selber sie hinabzustürzen brauchtest –

BURLEIGH Lord Lester hat nicht immer so geurteilt.

LEICESTER Wahr ist's, ich habe selber meine Stimme
Zu ihrem Tod gegeben im *Gericht*.
– Im *Staatsrat* sprech ich anders. Hier ist nicht
Die Rede von dem Recht, nur von dem Vorteil.
Ist's jetzt die Zeit, von ihr Gefahr zu fürchten,
Da Frankreich sie verläßt, ihr einz'ger Schutz,

Abschaum

Da du den Königssohn mit deiner Hand
Beglücken willst, die Hoffnung eines neuen
Regentenstammes diesem Lande blüht?
Wozu sie also töten? Sie *ist* tot!
Verachtung ist der wahre Tod. Verhüte,
Daß nicht das Mitleid sie ins Leben rufe!
Drum ist mein Rat: Man lasse die Sentenz*,
Die ihr das Haupt abspricht, in voller Kraft
Bestehn! Sie lebe – aber unterm Beile
Des Henkers lebe sie, und schnell, wie sich
Ein Arm für sie bewaffnet, fall' es nieder.

Hier: Rechtsspruch

ELISABETH *steht auf*
Mylords, ich hab nun eure Meinungen
Gehört, und sag' euch Dank für euren Eifer.
Mit Gottes Beistand, der die Könige
Erleuchtet, will ich eure Gründe prüfen,
Und wählen, was das Bessere mir dünkt.

Vierter Auftritt

Die Vorigen. Ritter Paulet mit Mortimern.

ELISABETH Da kommt Amias Paulet. Edler Sir,
Was bringt ihr uns?
PAULET Glorwürd'ge Majestät!
Mein Neffe, der ohnlängst von weiten Reisen
Zurückgekehrt, wirft sich zu deinen Füßen
Und leistet dir sein jugendlich Gelübde.
Empfange du es gnadenvoll und laß
Ihn wachsen in der Sonne deiner Gunst.
MORTIMER *läßt sich auf ein Knie nieder:*
Lang lebe meine königliche Frau,
Und Glück und Ruhm bekröne ihre Stirne!

ELISABETH Steht auf. Seid mir willkommen, Sir, in
England.
Ihr habt den ⌜großen Weg⌝ gemacht, habt Frankreich
Bereist und Rom und euch zu Rheims verweilt.
Sagt mir denn an, was spinnen* unsre Feinde?

Hier: aussinnen, planen

MORTIMER Ein Gott verwirre sie und wende rückwärts
Auf ihrer eignen Schützen Brust die Pfeile,
Die gegen meine Königin gesandt sind.
ELISABETH Saht ihr den ⌜Morgan⌝ und den
Ränkespinnenden* Bischof von Roße?

Listen, Anschläge ausdenkenden

MORTIMER Alle Schottische
Verbannte lernt' ich kennen, die zu Rheims
Anschläge schmieden gegen diese Insel.
In ihr Vertrauen stahl ich mich, ob ich
Etwa von ihren Ränken was entdeckte.
PAULET Geheime Briefe hat man ihm vertraut,
In Ziffern*, für die Königin von Schottland,
Die er mit treuer Hand uns überliefert.

chiffriert, in Geheimschrift

ELISABETH Sagt, was sind ihre neuesten Entwürfe?
MORTIMER Es traf sie alle wie ein Donnerstreich,
Daß Frankreich sie verläßt, den festen Bund
Mit England schließt, jetzt richten sie die Hoffnung
Auf Spanien.
ELISABETH So schreibt mir ⌜Walsingham⌝.
MORTIMER Auch eine ⌜Bulle⌝, die Papst Sixtus jüngst
Von Vatikane gegen dich geschleudert,
Kam eben an zu Rheims, als ichs verließ,
Das nächste Schiff bringt sie nach dieser Insel.
LEICESTER
Vor solchen Waffen zittert England nicht mehr.
BURLEIGH Sie werden furchtbar in des Schwärmers Hand.
ELISABETH *Mortimern forschend ansehend:*
Man gab euch Schuld, daß ihr zu Rheims die Schulen
Besucht und euren Glauben abgeschworen?

MORTIMER Die Miene gab ich mir, ich leugn' es nicht,
So weit ging die Begierde, dir zu dienen!
ELISABETH *zu Paulet, der ihr Papiere überreicht.*
Was zieht ihr da hervor?
PAULET Es ist ein Schreiben,
Das dir die Königin von Schottland sendet.
BURLEIGH *hastig darnach greifen:*
Gebt mir den Brief.
PAULET *gibt das Papier der Königin:*
Verzeiht, Lord Großschatzmeister!
In meiner Königin selbsteigne Hand,
Befahl sie mir, den Brief zu übergeben.
Sie sagt mir stets, ich sei ihr Feind. Ich bin
Nur ihrer Laster Feind, was sich verträgt
Mit meiner Pflicht, mag ich ihr gern erweisen.
Die Königin hat den Brief genommen. Während sie ihn liest, sprechen Mortimer und Leicester einige Worte heimlich mit einander.
BURLEIGH *zu Paulet:*
Was kann der Brief enthalten? Eitle Klagen,
Mit denen man das mitleidsvolle Herz
Der Königin verschonen soll.
PAULET Was er
Enthält, hat sie mir nicht verhehlt*. Sie bittet verheimlicht
Um die Vergünstigung, das Angesicht
Der Königin zu sehen.
BURLEIGH *schnell:* Nimmermehr!
TALBOT Warum nicht? Sie erfleht nichts ungerechtes.
BURLEIGH Die Gunst des königlichen Angesichts
Hat sie verwirkt, die Mordanstifterin,
Die nach dem Blut der Königin gedürstet.
Wer's treu mit seiner Fürstin meint, der kann
Den falsch verräterischen Rat nicht geben.
TALBOT Wenn die Monarchin sie beglücken will,
Wollt ihr der Gnade sanfte Regung hindern?

BURLEIGH Sie ist verurteilt! Unterm Beile liegt
Ihr Haupt. Unwürdig ist's der Majestät,
Das Haupt zu sehen, das dem Tod geweiht ist.
Das Urteil kann nicht mehr vollzogen werden,
Wenn sich die Königin ihr genahet hat,
Denn Gnade bringt die königliche Nähe –

ELISABETH *nachdem sie den Brief gelesen, ihre Tränen trocknend:*
Was ist der Mensch! Was ist das Glück der Erde!
Wie weit ist diese Königin gebracht,
Die mit so stolzen Hoffnungen begann,
Die auf den ⌜ältsten Thron der Christenheit⌝
Berufen worden, die in ihrem Sinn
⌜Drei Kronen⌝ schon aufs Haupt zu setzen meinte!
Welch andre Sprache führt sie jetzt als damals,
Da sie das Wappen Englands angenommen,
Und von den Schmeichlern ihres Hofs sich Königin
Der zwei britann'schen Inseln nennen ließ!
– Verzeiht Mylords, es schneidet mir ins Herz,
Wehmut ergreift mich und die Seele blutet,
Daß Irdisches nicht fester steht, das Schicksal
Der Menschheit, das entsetzliche, so nahe
An meinem eignen Haupt vorüberzieht.

TALBOT O Königin! Dein Herz hat Gott gerührt,
Gehorche dieser himmlischen Bewegung!
Schwer büßte sie fürwahr die schwere Schuld,
Und Zeit ist's, daß die harte Prüfung ende!
Reich' ihr die Hand, der tiefgefallenen,
Wie eines Engels Lichterscheinung steige
In ihres Kerkers Gräbernacht hinab –

BURLEIGH Sei standhaft, große Königin. Laß nicht
Ein lobenswürdig menschliches Gefühl
Dich irre führen. Raube dir nicht selbst
Die Freiheit, das Notwendige zu tun.
Du k a n n s t sie nicht begnadigen, n i c h t retten,

So lade nicht auf dich verhaßten Tadel,
Daß du mit grausam höhnendem Triumph
Am Anblick deines Opfers dich geweidet.

LEICESTER Laßt uns in unsern Schranken bleiben, Lords.
Die Königin ist weise, sie bedarf
Nicht unsers Rats, das würdigste zu wählen.
Die Unterredung beider Königinnen
Hat nichts gemein mit des Gerichtes Gang.
Englands Gesetz, nicht der Monarchin Wille,
Verurteilt die Maria. Würdig ist's
Der großen Seele der Elisabeth,
Daß sie des Herzens schönem Triebe folge,
Wenn das Gesetz den strengen Lauf behält.

ELISABETH Geht, meine Lords. Wir werden Mittel finden,
Was Gnade fodert, was Notwendigkeit
Uns auferlegt, geziemend zu vereinen.
Jetzt – tretet ab!

Die Lords gehen. An der Türe ruft sie den Mortimer zurück.

Sir Mortimer! Ein Wort!

Fünfter Auftritt

Elisabeth. Mortimer.

ELISABETH *nachdem sie ihn einige Augenblicke forschend mit den Augen gemessen:*
Ihr zeigtet einen kecken* Mut und seltne — unbefangenen
Beherrschung eurer selbst für eure Jahre.
Wer schon so früh der Täuschung schwere Kunst
Ausübte, der ist mündig vor der Zeit,
Und er verkürzt sich seine Prüfungsjahre.
– Auf eine große Bahn ruft euch das Schicksal,

Weissagung

Ich prophezei' es euch, und mein Orakel*
Kann ich, zu eurem Glücke! selbst vollziehn.

MORTIMER Erhabene Gebieterin, was ich
Vermag und bin, ist deinem Dienst gewidmet.

ELISABETH Ihr habt die Feinde Englands kennen lernen.
Ihr Haß ist unversöhnlich gegen mich,
Und unerschöpflich ihre Blutentwürfe.
Bis diesen Tag zwar schützte mich die Allmacht,
Doch ewig wankt die Kron' auf meinem Haupt,
So lang sie lebt, die ihrem Schwärmereifer
Den Vorwand leiht und ihre Hoffnung nährt.

MORTIMER Sie lebt nicht mehr, sobald du es gebietest.

ELISABETH Ach Sir! Ich glaubte mich am Ziele schon
Zu sehn, und bin nicht weiter als am Anfang.
Ich wollte die Gesetze handeln lassen,
Die eigne Hand vom Blute rein behalten.
Das Urteil ist gesprochen. Was gewinn' ich?
Es muß vollzogen werden, Mortimer!
Und ich muß die Vollziehung anbefehlen.
Mich immer trifft der Haß der Tat. Ich muß
Sie eingestehn, und kann den Schein nicht retten.
Das ist das Schlimmste!

MORTIMER Was bekümmert dich
Der böse Schein, bei der gerechten Sache?

ELISABETH
Ihr kennt die Welt nicht, Ritter. Was man scheint,
Hat jedermann zum Richter, was man ist, hat keinen.
Von meinem Rechte überzeug' ich niemand,
So muß ich Sorge tragen, daß mein Anteil
An ihrem Tod in ew'gem Zweifel bleibe.
Bei solchen Taten doppelter Gestalt
Gibts keinen Schutz als in der Dunkelheit.
Der schlimmste Schritt ist, den man eingesteht,
Was man nicht aufgibt, hat man nie verloren.

MORTIMER *ausforschend:*
Dann wäre wohl das Beste –

ELISABETH *schnell:* Freilich wär's
Das Beste – O mein guter Engel spricht
Aus euch. Fahrt fort, vollendet, werter Sir!
Euch ist es ernst, ihr dringet auf den Grund,
Seid ein ganz andrer Mann als euer Oheim –
MORTIMER *betroffen:*
Entdecktest du dem Ritter deinen Wunsch?
ELISABETH Mich reuet, daß ich's tat.
MORTIMER Entschuldige
Den alten Mann. Die Jahre machen ihn
Bedenklich. Solche Wagestücke fodern
Den kecken Mut der Jugend –
ELISABETH *schnell:* Darf ich euch –
MORTIMER Die Hand will ich dir leihen, rette du
Den Namen, wie du kannst –
ELISABETH Ja, Sir! Wenn ihr
Mich eines Morgens mit der Botschaft wecktet:
Maria Stuart, deine blut'ge Feindin,
Ist heute Nacht verschieden!
MORTIMER Zählt auf mich.
ELISABETH
Wann wird mein Haupt sich ruhig schlafen legen?
MORTIMER Der nächste Neumond ende deine Furcht.
ELISABETH
– Gehabt euch wohl, Sir! Laßt es euch nicht leid tun,
Daß meine Dankbarkeit den Flor* der Nacht Schleier
Entlehnen muß – Das Schweigen ist der Gott
Der Glücklichen – die engsten Bande sind's,
Die zärtesten, die das Geheimnis stiftet!
Sie geht ab.

Sechster Auftritt

Mortimer allein:

heuchlerische

Geh', falsche, gleisnerische* Königin!
Wie du die Welt, so täusch' ich dich. Recht ist's,
Dich zu verraten, eine gute Tat!
Seh' ich aus wie ein Mörder? Lasest du
Ruchlose Fertigkeit auf meiner Stirn?
Trau nur auf m e i n e n Arm und halte d e i n e n
Zurück, gib dir den frommen Heuchelschein
Der Gnade vor der Welt, indessen du
Geheim auf meine Mörderhilfe hoffst,
So werden wir zur Rettung Frist gewinnen!
Erhöhen willst du mich – zeigst mir von ferne
Bedeutend einen kostbarn Preis – Und wärst
Du selbst der Preis und deine Frauengunst!
Wer bist du Ärmste, und was kannst du geben?
Mich locket nicht des eiteln Ruhmes Geiz!
Bei ihr nur ist des Lebens Reiz –
Um sie, in ew'gem Freudenchore, schweben
Der Anmut Götter und der Jugendlust,
Das Glück der Himmel ist an ihrer Brust,
Du hast nur tote Güter zu vergeben!
Das Eine höchste, was das Leben schmückt,
Wenn sich ein Herz, entzückend und entzückt,
Dem Herzen schenkt in süßem Selbstvergessen,
Die Frauenkrone hast du nie besessen,
Nie hast du liebend einen Mann beglückt!
– Ich muß den Lord erwarten, ihren Brief
Ihm übergeben. Ein verhaßter Auftrag!
Ich habe zu dem Höflinge kein Herz,
Ich selber kann sie retten, ich allein,
Gefahr und Ruhm und auch der Preis sei mein!
Indem er gehen will, begegnet ihm Paulet.

Siebenter Auftritt

Mortimer. Paulet.

PAULET Was sagte dir die Königin?

MORTIMER Nichts, Sir.
Nichts – von Bedeutung.

PAULET *fixiert ihn mit ernstem Blick:*
Höre, Mortimer!
Es ist ein schlüpfrig glatter Grund, auf den
Du dich begeben. Lockend ist die Gunst
Der Könige, nach Ehre geizt die Jugend.
– Laß dich den Ehrgeiz nicht verführen!

MORTIMER
War't ihr's nicht selbst, der an den Hof mich brachte?

PAULET Ich wünschte, daß ich's nicht getan. Am Hofe
Ward unsers Hauses Ehre nicht gesammelt.
Steh fest, mein Neffe. Kaufe nicht zu teuer!
Verletze dein Gewissen nicht!

MORTIMER Was fällt euch ein? Was für Besorgnisse!

PAULET Wie groß dich auch die Königin zu machen
Verspricht – Trau ihrer Schmeichelrede nicht.
Verleugnen wird sie dich, wenn du gehorcht,
Und ihren eignen Namen rein zu waschen,
Die Bluttat rächen, die sie selbst befahl.

MORTIMER Die Bluttat sagt ihr –

PAULET Weg' mit der Verstellung!
Ich weiß, was dir die Königin angesonnen,
Sie hofft, daß deine ruhmbegier'ge Jugend
Willfähr'ger sein wird, als mein starres Alter.
Hast du ihr zugesagt? Hast du?

MORTIMER Mein Oheim!

PAULET Wenn du's getan hast, so verfluch' ich dich,
Und dich verwerfe –

LEICESTER *kommt:* Werter Sir, erlaubt

Ein Wort mit eurem Neffen. Die Monarchin
Ist gnadenvoll gesinnt für ihn, sie will,
Daß man ihm die Person der Lady Stuart
Uneingeschränkt vertraue – Sie verläßt sich
Auf seine Redlichkeit –
PAULET Verläßt sich – Gut!
LEICESTER Was sagt ihr, Sir?
PAULET Die Königin verläßt sich
Auf ihn, und ich, Mylord, verlasse mich
Auf mich und meine beiden offnen Augen.
Er geht ab.

Achter Auftritt

Leicester. Mortimer.

LEICESTER *verwundert:* Was wandelte den Ritter an?
MORTIMER Ich weiß es nicht – Das unerwartete
Vertrauen, das die Königin mir schenkt –
LEICESTER *ihn forschend ansehend:*
Verdient ihr, Ritter, daß man euch vertraut?
MORTIMER *eben so:*
Die Frage tu' ich euch, Mylord von Lester.
LEICESTER Ihr hattet mir was in geheim zu sagen.
MORTIMER Versichert mich erst, daß ichs wagen darf.
LEICESTER Wer gibt mir die Versicherung für euch?
– Laßt euch mein Mißtraun nicht beleidigen!
Ich seh' euch zweierlei Gesichter zeigen
An diesem Hofe – Eins darunter ist
Notwendig falsch, doch welches ist das wahre?
MORTIMER Es geht mir ebenso mit euch, Graf Lester.
LEICESTER Wer soll nun des Vertrauens Anfang machen?
MORTIMER Wer das geringere zu wagen hat.

LEICESTER Nun! Der seid ihr!
MORTIMER Ihr seid es! Euer Zeugnis,
Des vielbedeutenden, gewalt'gen Lords,
Kann mich zu Boden schlagen, meins vermag
Nichts gegen euren Rang und eure Gunst.
LEICESTER Ihr irrt euch, Sir. In allem andern bin ich
Hier mächtig, nur in diesem zarten Punkt,
Den ich jetzt eurer Treu preisgeben soll,
Bin ich der schwächste Mann an diesem Hof,
Und ein verächtlich Zeugnis kann mich stürzen.
MORTIMER Wenn sich der allvermögende Lord Lester
So tief zu mir herunterläßt, ein solch
Bekenntnis mir zu tun, so darf ich wohl
Ein wenig höher denken von mir selbst,
Und ihm in Großmut ein Exempel geben.
LEICESTER Geht mir voran im Zutraun, ich will folgen.
MORTIMER *den Brief schnell hervorziehend:*
Dies sendet euch die Königin von Schottland.
LEICESTER *schrickt zusammen und greift hastig darnach:*
Sprecht leise, Sir – Was seh' ich! Ach! Es ist
Ihr Bild!
küßt es und betrachtet es mit stummem Entzücken.
MORTIMER *der ihn während des Lesens scharf beobachtet:*
Mylord, nun glaub ich euch!
LEICESTER *nachdem er den Brief schnell durchlaufen:*
Sir Mortimer! Ihr wißt des Briefes Inhalt?
MORTIMER Nichts weiß ich.
LEICESTER Nun! Sie hat euch ohne Zweifel
Vertraut –
MORTIMER Sie hat mir nichts vertraut. Ihr würdet
Dies Rätsel mir erklären, sagte sie.
Ein Rätsel ist es mir, daß Graf von Lester,
Der Günstling der Elisabeth, Mariens
Erklärter Feind und ihrer Richter einer,
Der Mann sein soll, von dem die Königin

In ihrem Unglück Rettung hofft – Und dennoch
Muß dem so sein, denn eure Augen sprechen
Zu deutlich aus, was ihr für sie empfindet.
LEICESTER Entdeckt mir selbst erst, wie es kommt, daß ihr
Den feur'gen Anteil nehmt an ihrem Schicksal,
Und was euch ihr Vertraun erwarb.
MORTIMER Mylord,
Das kann ich euch mit wenigem erklären.
Ich habe meinen Glauben abgeschworen
Zu Rom, und steh' im Bündnis mit den Guisen.
Ein Brief des Erzbischofs zu Rheims hat mich
Beglaubigt bei der Königin von Schottland.
LEICESTER Ich weiß von eurer Glaubensänderung,
Sie ist's, die mein Vertrauen zu euch weckte.
Gebt mir die Hand. Verzeiht mir meinen Zweifel.
Ich kann der Vorsicht nicht zu viel gebrauchen,
Denn Walsingham und Burleigh hassen mich,
Ich weiß, daß sie mir laurend Netze stellen.
Ihr konntet ihr Geschöpf und Werkzeug sein,
Mich in das Garn zu ziehn –
MORTIMER Wie kleine Schritte
Geht ein so großer Lord an diesem Hof!
Graf! ich beklag' euch.
LEICESTER Freudig werf' ich mich
An die vertraute Freundesbrust, wo ich
Des langen Zwangs mich endlich kann entladen.
Ihr seid verwundert, Sir, daß ich so schnell
Das Herz geändert gegen die Maria.
Zwar in der Tat haßt' ich sie nie – der Zwang
Der Zeiten machte mich zu ihrem Gegner.
⌜Sie war mir zugedacht⌝ seit langen Jahren,
Ihr wißt's, eh sie die Hand dem Darnley gab,
Als noch der Glanz der Hoheit sie umlachte.
Kalt stieß ich damals dieses Glück von mir,
Jetzt im Gefängnis, an des Todes Pforten
Such' ich sie auf, und mit Gefahr des Lebens.

MORTIMER Das heißt großmütig handeln!
LEICESTER – Die Gestalt
Der Dinge, Sir, hat sich indes verändert.
Mein Ehrgeiz war es, der mich gegen Jugend
Und Schönheit fühllos machte. Damals hielt ich
Mariens Hand für mich zu klein, ich hoffte
Auf den Besitz der Königin von England.
MORTIMER Es ist bekannt, daß sie euch allen Männern
Vorzog –
LEICESTER So schien es, edler Sir – Und nun, nach zehn
Verlornen Jahren unverdroßnen Werbens,
Verhaßten Zwangs – O Sir, mein Herz geht auf!
Ich muß des langen Unmuts mich entladen –
Man preist mich glücklich – wüßte man, was es
Für Ketten sind, um die man mich beneidet –
Nachdem ich zehen bittre Jahre lang
Dem Götzen* ihrer Eitelkeit geopfert,
Mich jedem Wechsel ihrer Sultanslaunen
Mit Sklavendemut unterwarf, das Spielzeug
Des kleinen grillenhaften Eigensinns,
Geliebkost jetzt von ihrer Zärtlichkeit,
Und jetzt mit sprödem Stolz zurückgestoßen,
Von ihrer Gunst und Strenge gleich gepeinigt,
Wie ein Gefangener vom ⌈Argusblick⌉
Der Eifersucht gehütet, ins Verhör
Genommen wie ein Knabe, wie ein Diener
Gescholten – O die Sprache hat kein Wort
Für diese Hölle!
MORTIMER Ich beklag' euch, Graf.
LEICESTER
Täuscht mich am Ziel der Preis! Ein andrer kommt,
Die Frucht des teuren Werbens mir zu rauben.
An einen jungen blühenden Gemahl
Verlier ich meine lang beseßnen Rechte,
Heruntersteigen soll ich von der Bühne,

* Falscher Gott

Wo ich so lange als der Erste glänzte.
Nicht ihre Hand allein, auch ihre Gunst
Droht mir der neue Ankömmling zu rauben.
Sie ist ein Weib, und er ist liebenswert.
MORTIMER Er ist Kathrinens Sohn. In guter Schule
Hat er des Schmeichelns Künste ausgelernt.
LEICESTER So stürzen meine Hoffnungen – ich suche
In diesem Schiffbruch meines Glücks ein Brett
Zu fassen – und mein Auge wendet sich
Der ersten schönen Hoffnung wieder zu.
Mariens Bild, in ihrer Reize Glanz,
Stand neu vor mir, Schönheit und Jugend traten
In ihre vollen Rechte wieder ein,
Nicht kalter Ehrgeiz mehr, das Herz verglich,
Und ich empfand, welch Kleinod* ich verloren.
Mit Schrecken seh' ich sie in tiefes Elend
Herabgestürzt, gestürzt durch mein Verschulden.
Da wird in mir die Hoffnung wach, ob ich
Sie jetzt noch retten könnte und besitzen.
Durch eine treue Hand gelingt es mir,
Ihr mein verändert Herz zu offenbaren,
Und dieser Brief, den ihr mir überbracht,
Versichert mir, daß sie verzeiht, sich mir
Zum Preise schenken will, wenn ich sie rette.
MORTIMER Ihr tatet aber nichts zu ihrer Rettung!
Ihr ließt geschehn, daß sie verurteilt wurde,
Gabt eure Stimme selbst zu ihrem Tod!
Ein Wunder muß geschehn – Der Wahrheit Licht
Muß mich, den Neffen ihres Hüters, rühren,
Im Vatikan zu Rom muß ihr der Himmel
Den unverhofften Retter zubereiten,
Sonst fand sie nicht einmal den Weg zu euch!
LEICESTER Ach, Sir, es hat mir Qualen gnug gekostet!
Um selbe Zeit ward sie von Talbots Schloß
Nach Fotheringhay weg geführt, der strengen

Kostbares Schmuckstück

Gewahrsam eures Oheims anvertraut.
Gehemmt ward jeder Weg zu ihr, ich mußte
Fortfahren vor der Welt, sie zu verfolgen.
Doch denket nicht, daß ich sie leidend hätte
Zum Tode gehen lassen! Nein, ich hoffte,
Und hoffe noch, das Äußerste zu hindern,
Bis sich ein Mittel zeigt, sie zu befrein.

MORTIMER Das ist gefunden – Lester, euer edles
Vertraun verdient Erwiderung. Ich will sie
Befreien, darum bin ich hier, die Anstalt
Ist schon getroffen, euer mächt'ger Beistand
Versichert uns den glücklichen Erfolg.

LEICESTER
Was sagt ihr? Ihr erschreckt mich. Wie? Ihr wolltet –

MORTIMER Gewaltsam auftun will ich ihren Kerker,
Ich hab' Gefährten, alles ist bereit –

LEICESTER Ihr habt Mitwisser und Vertraute! Weh mir!
In welches Wagnis reißt ihr mich hinein!
Und diese wissen auch um mein Geheimnis?

MORTIMER
Sorgt nicht. Der Plan ward ohne euch entworfen,
Ohn' euch wär' er vollstreckt, bestünde sie
Nicht drauf, euch ihre Rettung zu verdanken.

LEICESTER So könnt ihr mich für ganz gewiß versichern,
Daß in dem Bund mein Name nicht genannt ist?

MORTIMER
Verlaßt euch drauf! Wie? So bedenklich, Graf,
Bei einer Botschaft, die euch Hülfe bringt!
Ihr wollt die Stuart retten und besitzen,
Ihr findet Freunde, plötzlich, unerwartet,
Vom Himmel fallen euch die nächsten Mittel –
Doch zeigt Ihr mehr Verlegenheit als Freude?

LEICESTER Es ist nichts mit Gewalt. Das Wagestück
Ist zu gefährlich.

MORTIMER Auch das Säumen ist's!

LEICESTER Ich sag' euch, Ritter, es ist nicht zu wagen.
MORTIMER *bitter:*
Nein, nicht für euch, der sie besitzen will!
Wir wollen sie bloß retten, und sind nicht so
Bedenklich –
LEICESTER Junger Mann, ihr seid zu rasch
In so gefährlich dornenvoller Sache.
MORTIMER Ihr – sehr bedacht in solchem Fall der Ehre.
LEICESTER Ich seh' die Netze, die uns rings umgeben.
MORTIMER Ich fühle Mut, sie alle zu durchreißen.
LEICESTER Tollkühnheit, Raserei ist dieser Mut.
MORTIMER Nicht Tapferkeit ist diese Klugheit, Lord.
LEICESTER Euch lüstet's* wohl, wie Babington zu enden?

Ihr habt wohl Lust

MORTIMER
Euch nicht, des Norfolks Großmut nachzuahmen.
LEICESTER Norfolk hat seine Braut nicht heimgeführt.
MORTIMER Er hat bewiesen, daß er's würdig war.
LEICESTER Wenn wir verderben, reißen wir sie nach.
MORTIMER Wenn wir uns schonen, wird sie nicht gerettet.
LEICESTER Ihr überlegt nicht, hört nicht, werdet alles
Mit heftig blindem Ungestüm zerstören,
Was auf so guten Weg geleitet war.
MORTIMER Wohl auf den guten Weg, den ihr gebahnt?
Was habt ihr denn getan, um sie zu retten?
– Und wie? Wenn ich nun Bube gnug gewesen,
Sie zu ermorden, wie die Königin
Mir anbefahl, wie sie zu dieser Stunde
Von mir erwartet – Nennt mir doch die Anstalt,
Die ihr gemacht, ihr Leben zu erhalten.
LEICESTER *erstaunt:*
Gab euch die Königin diesen Blutbefehl?
MORTIMER Sie irrte sich in mir, wie sich Maria
in euch.
LEICESTER
Und ihr habt zugesagt? Habt ihr?

MORTIMER Damit sie andre Hände nicht erkaufe,
Bot ich die meinen an.
LEICESTER Ihr tatet wohl.
Dies kann uns Raum verschaffen. Sie verläßt sich
Auf euren blut'gen Dienst, das Todesurteil
Bleibt unvollstreckt, und wir gewinnen Zeit –
MORTIMER *ungeduldig:*
Nein, wir verlieren Zeit!
LEICESTER Sie zählt auf euch,
So minder* wird sie Anstand nehmen, sich Umso weniger
Den Schein der Gnade vor der Welt zu geben.
Vielleicht, daß ich durch List sie überrede,
Das Angesicht der Gegnerin zu sehn,
Und dieser Schritt muß ihr die Hände binden.
Burleigh hat Recht. Das Urteil kann nicht mehr
Vollzogen werden, wenn sie sie gesehn.
– Ja ich versuch' es, alles biet' ich auf –
MORTIMER Und was erreicht ihr dadurch? Wenn sie sich
In mir getäuscht sieht, wenn Maria fortfährt,
Zu leben – Ist nicht alles wie zuvor?
Frei wird sie niemals! Auch das mildeste,
Was kommen kann, ist ewiges Gefängnis.
Mit einer kühnen Tat müßt ihr doch enden,
Warum wollt ihr nicht gleich damit beginnen?
In euren Händen ist die Macht, ihr bringt
Ein Heer zusammen, wenn ihr nur den Adel
Auf euren vielen Schlössern waffnen wollt!
Maria hat noch viel verborgne Freunde,
Der ⌜Howard⌝ und der ⌜Percy⌝ edle Häuser,
Ob ihre Häupter gleich gestürzt, sind noch
An Helden reich, sie harren nur darauf,
Daß ein gewalt'ger Lord das Beispiel gebe!
Weg mit Verstellung! Handelt öffentlich!
Verteidigt als ein Ritter die Geliebte,
Kämpft einen edeln Kampf um sie. Ihr seid

Herr der Person der Königin von England,
Sobald ihr wollt. Lockt sie auf Eure Schlösser,
Sie ist euch oft dahin gefolgt. Dort zeigt ihr
Den Mann! Sprecht als Gebieter! Haltet sie
Verwahrt, bis sie die Stuart frei gegeben!

LEICESTER Ich staune, ich entsetze mich – Wohin
Reißt euch der Schwindel? – Kennt ihr diesen Boden?
Wißt ihr, wie's steht an diesem Hof, wie eng
Dies Frauenreich die Geister hat gebunden?
Sucht nach dem Heldengeist, der ehmals wohl
In diesem Land sich regte – Unterworfen
Ist alles, unterm Schlüssel eines Weibes,
Und jedes Mutes Federn abgespannt.
Folgt meiner Leitung. Wagt nichts unbedachtsam.
– Ich höre kommen, geht.

MORTIMER Maria hofft!
Kehr ich mit leerem Trost zu ihr zurück?

LEICESTER Bringt ihr die Schwüre meiner ew'gen Liebe!

MORTIMER
Bringt ihr die selbst! Zum Werkzeug ihrer Rettung
Bot ich mich an, nicht euch zum Liebesboten!
Er geht ab.

Neunter Auftritt

Elisabeth. Leicester.

ELISABETH Wer ging da von euch weg? Ich hörte sprechen.

LEICESTER *sich auf ihre Rede schnell und erschrocken umwendend:*
Es war Sir Mortimer.

ELISABETH Was ist euch, Lord?
So ganz betreten?

LEICESTER *faßt sich:* – Über deinen Anblick!
Ich habe dich so reizend nie gesehn,
Geblendet steh ich da von deiner Schönheit.
– Ach!

ELISABETH
Warum seufzt ihr?

LEICESTER
Hab' ich keinen Grund
Zu seufzen? Da ich deinen Reiz betrachte,
Erneut sich mir der namenlose Schmerz
Des drohenden Verlustes.

ELISABETH
Was verliert ihr?

LEICESTER
Dein Herz, dein liebenswürdig Selbst verlier ich.
Bald wirst du in den jugendlichen Armen
Des feurigen Gemahls dich glücklich fühlen,
Und ungeteilt wird er dein Herz besitzen.
Er ist von königlichem Blut, das bin
Ich nicht, doch Trotz sei aller Welt geboten,
Ob einer lebt auf diesem Erdenrund,
Der mehr Anbetung für dich fühlt als ich.
Der Düc* von Anjou hat dich nie gesehn,
Nur deinen Ruhm und Schimmer kann er lieben.
Ich liebe Dich. Wärst du die ärmste Hirtin,
Ich als der größte Fürst der Welt geboren,
Zu deinem Stand würd' ich herunter steigen,
Mein Diadem* zu deinen Füßen legen.

ELISABETH
Beklag' mich, Dudley, schilt mich nicht – Ich darf ja
Mein Herz nicht fragen. Ach! das hätte anders
Gewählt. Und wie beneid' ich andre Weiber,
Die das erhöhen dürfen, was sie lieben.
So glücklich bin ich nicht, daß ich dem Manne,
Der mir vor allen teuer ist, die Krone
Aufsetzen kann! – Der Stuart wards vergönnt,
Die Hand nach ihrer Neigung zu verschenken,

Herzog

Stirnband als Kopfschmuck der Königinnen; hier: Krone

Die hat sich jegliches erlaubt, sie hat
Den vollen Kelch der Freuden ausgetrunken.

LEICESTER
Jetzt trinkt sie auch den bittern Kelch des Leidens.

ELISABETH Sie hat der Menschen Urteil nichts geachtet.
Leicht wurd' es ihr zu leben, nimmer lud sie
Das Joch sich auf, dem ich mich unterwarf.
Hätt' ich doch auch Ansprüche machen können,
Des Lebens mich, der Erde Lust zu freun,
Doch zog ich strenge Königspflichten vor.
Und doch gewann sie aller Männer Gunst,
Weil sie sich nur befliß*, ein Weib zu sein,
Und um sie buhlt die Jugend und das Alter.
So sind die Männer. Lüstlinge sind alle!
Dem Leichtsinn eilen sie, der Freude zu,
Und schätzen nichts, was sie verehren müssen.
Verjüngte sich nicht dieser Talbot selbst,
Als er auf ihren Reiz zu reden kam!

bemühte, befleißigte

LEICESTER Vergib es ihm. Er war ihr Wächter einst,
Die List'ge hat mit Schmeicheln ihn betört.

ELISABETH
Und ist's denn wirklich wahr, daß sie so schön ist?
So oft mußt' ich die Larve rühmen hören,
Wohl möcht' ich wissen, was zu glauben ist.
Gemälde schmeicheln, Schilderungen lügen,
Nur meinen eignen Augen würd' ich traun.
– Was schaut ihr mich so seltsam an?

LEICESTER Ich stellte
Dich in Gedanken neben die Maria.
– Die Freude wünscht ich mir, ich berg' es nicht,
Wenn es ganz in geheim geschehen könnte,
Der Stuart gegenüber dich zu sehn!
Dann solltest du erst deines ganzen Siegs
Genießen! Die Beschämung gönnt' ich ihr,
Daß sie mit eignen Augen – denn der Neid

Hat scharfe Augen – überzeugt sich sähe,
Wie sehr sie auch an Adel der Gestalt
Von dir besiegt wird, der sie so unendlich
In jeder andern würd'gen Tugend weicht.

ELISABETH Sie ist die Jüngere an Jahren.

LEICESTER Jünger!
Man siehts ihr nicht an. Freilich ihre Leiden!
Sie mag wohl vor der Zeit gealtert haben.
Ja, und was ihre Kränkung bittrer machte,
Das wäre, dich als Braut zu sehn! Sie hat
Des Lebens schöne Hoffnung hinter sich,
Dich sähe sie dem Glück entgegen schreiten!
Und als die Braut des Königssohns von Frankreich,
Da sie sich stets so viel gewußt, so stolz
Getan mit der französischen Vermählung,
Noch jetzt auf Frankreichs mächt'ge Hilfe pocht!

ELISABETH *nachlässig hinwerfend:*
Man peinigt mich ja sie zu sehn.

LEICESTER *lebhaft:* Sie foderts
Als eine Gunst, gewähr es ihr als Strafe!
Du kannst sie auf das Blutgerüste führen,
Es wird sie minder peinigen, als sich
Von deinen Reizen ausgelöscht zu sehn.
Dadurch ermordest du sie, wie sie dich
Ermorden wollte – Wenn sie deine Schönheit
Erblickt, durch Ehrbarkeit bewacht, in Glorie* Ruhm
Gestellt durch einen unbefleckten Tugendruf,
Den sie, leichtsinnig buhlend, von sich warf,
Erhoben durch der Krone Glanz, und jetzt
Durch zarte Bräutlichkeit geschmückt – dann hat
Die Stunde der Vernichtung ihr geschlagen.
Ja – wenn ich jetzt die Augen auf dich werfe –
Nie warst du, nie zu einem Sieg der Schönheit
Gerüsteter als eben jetzt – Mich selbst
Hast du umstrahlt wie eine Lichterscheinung,

Als du vorhin ins Zimmer tratest – Wie?
Wenn du gleich jetzt, jetzt wie du bist, hinträtest
Vor sie, du findest keine schön're Stunde –
ELISABETH Jetzt – Nein – Nein – Jetzt nicht, Lester – Nein,
das muß ich
Erst wohl bedenken – mich mit Burleigh –
LEICESTER *lebhaft einfallend:* Burleigh!
Der denkt allein auf deinen Staatsvorteil,
Auch deine Weiblichkeit hat ihre Rechte,
Der zarte Punkt gehört vor Dein Gericht,
Nicht vor des Staatsmanns – ja auch Staatskunst will es,
Daß du sie siehst, die öffentliche Meinung
Durch eine Tat der Großmut dir gewinnest!
Magst du nachher dich der verhaßten Feindin,
Auf welche Weise dirs gefällt, entladen.
ELISABETH Nicht wohlanständig wär mir's, die
Verwandte
Im Mangel und in Schmach zu sehn. Man sagt,
Daß sie nicht königlich umgeben sei,
Vorwerfend wär mir ihres Mangels Anblick.
LEICESTER Nicht ihrer Schwelle brauchst du dich zu nahn.
Hör meinen Rat. Der Zufall hat es eben
Nach Wunsch gefügt. Heut ist das große Jagen,
An Fotheringhay führt der Weg vorbei,
Dort kann die Stuart sich im Park ergehn,
Du kommst ganz wie von ohngefähr dahin,
Es darf nichts als vorher bedacht erscheinen,
Und wenn es dir zuwider, redest du
Sie gar nicht an –
ELISABETH Begeh' ich eine Torheit,
So ist es eure, Lester, nicht die meine.
Ich will euch heute keinen Wunsch versagen,
Weil ich von meinen Untertanen allen
Euch heut am wehesten getan.
Ihn zärtlich ansehend.

Sei's eine Grille* nur von euch. Dadurch
Gibt Neigung sich ja kund, daß sie bewilligt
Aus freier Gunst, was sie auch nicht gebilligt.
Leicester stürzt zu ihren Füßen, der Vorhang fällt.

Närrischer Einfall

Dritter Aufzug

Gegend in einem Park. Vorn mit Bäumen besetzt, hinten eine weite Aussicht.

Erster Auftritt

Maria tritt in schnellem Lauf hinter Bäumen hervor. Hanna Kennedy folgt langsam.

KENNEDY Ihr eilet ja, als wenn ihr Flügel hättet,
So kann ich euch nicht folgen, wartet doch!
MARIA Laß mich der neuen Freiheit genießen,
Laß mich ein Kind sein, sei es mit!
Und auf dem grünen Teppich der Wiesen
Prüfen den leichten, geflügelten Schritt.
Bin ich dem finstern Gefängnis entstiegen,
Hält sie mich nicht mehr, die traurige Gruft?
Laß mich in vollen, in durstigen Zügen
Trinken die freie, die himmlische Luft.
KENNEDY O meine teure Lady! Euer Kerker
Ist nur um ein klein weniges erweitert.
Ihr seht nur nicht die Mauer, die uns einschließt,
Weil sie der Bäume dicht Gesträuch versteckt.
MARIA O dank, dank diesen freundlich grünen Bäumen,
Die meines Kerkers Mauern mir verstecken!
Ich will mich frei und glücklich träumen,
Warum aus meinem süßen Wahn mich wecken?
Umfängt mich nicht der weite Himmelsschoß?
Die Blicke, frei und fessellos,
Ergehen sich in ungemeßnen Räumen.
Dort, wo die grauen Nebelberge ragen,

Fängt meines Reiches Grenze an,
Und diese Wolken, die nach Mittag jagen,
Sie suchen Frankreichs fernen Ozean.
Eilende Wolken! Segler der Lüfte!
Wer mit euch wanderte, mit euch schiffte!
Grüßet mir freundlich mein Jugendland!
Ich bin gefangen, ich bin in Banden,
Ach, ich hab' keinen andern Gesandten!
Frei in Lüften ist eure Bahn,
Ihr seid nicht dieser Königin untertan.

KENNEDY Ach, teure Lady! Ihr seid außer euch,
Die langentbehrte Freiheit macht euch schwärmen.

MARIA
Dort legt ein Fischer den Nachen an!
Dieses elende Werkzeug könnte mich retten,
Brächte mich schnell zu befreundeten Städten.
Spärlich nährt es den dürftigen Mann.
Beladen wollt ich ihn reich mit Schätzen,
Einen Zug sollt' er tun, wie er keinen getan,
Das Glück sollt' er finden in seinen Netzen,
Nähm' er mich ein in den rettenden Kahn.

KENNEDY Verlorne Wünsche! Seht ihr nicht, daß uns
Von ferne dort die Spähertritte folgen?
Ein finster grausames Verbot scheucht jedes
Mitleidige Geschöpf aus unserm Wege.

MARIA Nein, gute Hanna. Glaub' mir, nicht umsonst
Ist meines Kerkers Tor geöffnet worden.
Die kleine Gunst ist mir des größern Glücks
Verkünderin. Ich irre nicht. Es ist
Der Liebe tät'ge Hand, der ich sie danke.
Lord Lesters mächt'gen Arm erkenn' ich drin.
Allmählig will man mein Gefängnis weiten,
Durch kleineres zum größern mich gewöhnen,
Bis ich das Antlitz dessen endlich schaue,
Der mir die Bande löst auf immerdar.

KENNEDY
Ach, ich kann diesen Widerspruch nicht reimen!
Noch gestern kündigt man den Tod euch an,
Und heute wird euch plötzlich solche Freiheit.
Auch denen, hört' ich sagen, wird die Kette
Gelöst, auf die die ew'ge Freiheit wartet.

Jagdhorn

MARIA Hörst du das Hifthorn*? Hörst du's klingen,
Mächtigen Rufes, durch Feld und Hain?
Ach, auf das mutige Roß mich zu schwingen,
An den fröhlichen Zug mich zu reihn!
Noch mehr! O die bekannte Stimme,
Schmerzlich süßer Erinnerung voll.
Oft vernahm sie mein Ohr mit Freuden,
Auf des Hochlands bergigten Heiden,
Wenn die tobende Jagd erscholl.

Zweiter Auftritt

Paulet. Die Vorigen.

PAULET Nun! Hab' ichs endlich recht gemacht, Mylady?
Verdien' ich einmal euern Dank?
MARIA Wie, Ritter?
Seid ihr's, der diese Gunst mir ausgewirkt?
Ihr seid's?
PAULET Warum soll ichs nicht sein? Ich war
Am Hof, ich überbrachte euer Schreiben –
MARIA Ihr übergabt es? Wirklich, tatet ihr's?
Und diese Freiheit, die ich jetzt genieße,
Ist eine Frucht des Briefs –
PAULET *mit Bedeutung:* Und nicht die einz'ge!
Macht euch auf eine größre noch gefaßt.
MARIA Auf eine größre, Sir? Was meint ihr damit?

PAULET Ihr hörtet doch die Hörner –
MARIA *zurückfahrend, mit Ahndung:* Ihr erschreckt mich!
PAULET Die Königin jagt in dieser Gegend.
MARIA Was?
PAULET In wenig Augenblicken steht sie vor euch.
KENNEDY *auf Maria zueilend, welche zittert und hinzusinken droht:*
Wie wird euch, teure Lady! Ihr verblaßt.
PAULET Nun? Ists nun nicht recht? War's nicht eure Bitte?
Sie wird euch früher gewährt, als ihr gedacht.
Ihr wart sonst immer so geschwinder Zunge,
Jetzt bringet eure Worte an, jetzt ist
Der Augenblick zu reden!
MARIA O warum hat man mich nicht vorbereitet!
Jetzt bin ich nicht darauf gefaßt, jetzt nicht.
Was ich mir als die höchste Gunst erbeten,
Dünkt mir jetzt schrecklich, fürchterlich – Komm Hanna,
Führ' mich ins Haus, daß ich mich fasse, mich
Erhole –
PAULET Bleibt. Ihr müßt sie hier erwarten.
Wohl, wohl mag's euch beängstigen, ich glaubs,
Vor eurem Richter zu erscheinen.

Dritter Auftritt

Graf Schrewsbury zu den Vorigen.

MARIA Es ist nicht darum! Gott, mir ist ganz anders
Zu Mut – Ach edler Schrewsbury! Ihr kommt,
Vom Himmel mir ein Engel zugesendet!
– Ich kann sie nicht sehn! Rettet, rettet mich
Von dem verhaßten Anblick –

SCHREWSBURY Kommt zu euch, Königin! Faßt euren Mut
Zusammen. Das ist die entscheidungsvolle Stunde.
MARIA Ich habe drauf geharret – Jahre lang
Mich drauf bereitet, alles hab' ich mir
Gesagt und ins Gedächtnis eingeschrieben,
Wie ich sie rühren wollte und bewegen!
Vergessen plötzlich, ausgelöscht ist alles,
Nichts lebt in mir in diesem Augenblick,
Als meiner Leiden brennendes Gefühl.
In blut'gen Haß gewendet wider sie
Ist mir das Herz, es fliehen alle guten
Gedanken, und die ⌜Schlangenhaare⌝ schüttelnd
Umstehen mich die finstern Höllengeister.
SCHREWSBURY Gebietet eurem wild empörten Blut,
Bezwingt des Herzens Bitterkeit! Es bringt
Nicht gute Frucht, wenn Haß dem Haß begegnet.
Wie sehr auch euer Innres widerstrebe,
Gehorcht der Zeit und dem Gesetz der Stunde!
Sie ist die Mächtige – demütigt euch!
MARIA Vor ihr! Ich kann es nimmermehr.
SCHREWSBURY Tut's dennoch!
Sprecht ehrerbietig, mit Gelassenheit!
Ruft ihre Großmut an, trotzt nicht, jetzt nicht
Auf euer Recht, jetzo ist nicht die Stunde.
MARIA Ach mein Verderben hab' ich mir erfleht,
Und mir zum Fluche wird mein Flehn erhört!
Nie hätten wir uns sehen sollen, niemals!
Daraus kann nimmer, nimmer gutes kommen!
Eh mögen Feu'r und Wasser sich in Liebe
Begegnen und das Lamm den Tiger küssen –
Ich bin zu schwer verletzt – sie h a t zu schwer
Beleidigt – Nie ist zwischen uns Versöhnung!
SCHREWSBURY Seht sie nur erst von Angesicht!
Ich sah es ja, wie sie von eurem Brief
Erschüttert war, ihr Auge schwamm in Tränen.

Nein, sie ist nicht gefühllos, hegt ihr selbst
Nur besseres Vertrauen – Darum eben
Bin ich voraus geeilt, damit ich euch
In Fassung* setzen und ermahnen möchte.

Selbstbeherrschung

MARIA *seine Hand ergreifend:*
Ach Talbot! Ihr war't stets mein Freund – daß ich
In eurer milden Haft geblieben wäre!
Es ward mir hart begegnet, Schrewsbury!
SCHREWSBURY Vergeßt jetzt alles. Darauf denkt allein,
Wie ihr sie unterwürfig wollt empfangen.
MARIA Ist Burleigh auch mit ihr, mein böser Engel?
SCHREWSBURY Niemand begleitet sie als Graf von Lester.
MARIA Lord Lester!
SCHREWSBURY Fürchtet nichts von ihm. Nicht Er
Will euren Untergang – Sein Werk ist es,
Daß euch die Königin die Zusammenkunft
Bewilligt.
MARIA Ach! Ich wußt' es wohl!
SCHREWSBURY Was sagt ihr?
PAULET Die Königin kommt!
Alles weicht auf die Seite, nur Maria bleibt, auf die Kennedy gelehnt.

Vierter Auftritt

Die Vorigen. Elisabeth. Graf Leicester. Gefolge.
ELISABETH *zu Leicester:*
Wie heißt der Landsitz?
LEICESTER Fotheringhayschloß.
ELISABETH *zu Schrewsbury:*
Schickt unser Jagdgefolg voraus nach London,
Das Volk drängt allzuheftig in den Straßen,
Wir suchen Schutz in diesem stillen Park.

durchbohrt

Talbot entfernt das Gefolge. Sie fixiert mit den Augen die Maria, indem sie zu Paulet weiter spricht*
Mein gutes Volk liebt mich zu sehr. Unmäßig,
Abgöttisch sind die Zeichen seiner Freude,
So ehrt man einen Gott, nicht einen Menschen.

MARIA *welche diese Zeit über halb ohnmächtig auf die Amme gelehnt war, erhebt sich jetzt und ihr Auge begegnet dem gespannten Blick der Elisabeth. Sie schaudert zusammen und wirft sich wieder an der Amme Brust:*
O Gott, aus diesen Zügen spricht kein Herz!

ELISABETH Wer ist die Lady? *Ein allgemeines Schweigen*

LEICESTER – Du bist zu Fotheringhay, Königin.

ELISABETH *stellt sich überrascht und erstaunt, einen finstern Blick auf Leicestern richtend:*
Wer hat mir das getan? Lord Lester!

LEICESTER Es ist geschehen, Königin – Und nun
Der Himmel deinen Schritt hieher gelenkt,
So laß die Großmut und das Mitleid siegen.

SCHREWSBURY Laß dich erbitten, königliche Frau,
Dein Aug auf die Unglückliche zu richten,
Die hier vergeht vor deinem Anblick.

Maria rafft sich zusammen und will auf die Elisabeth zugehen, steht aber auf halbem Weg schaudernd still, ihre Gebärden drücken den heftigsten Kampf aus.

ELISABETH Wie, Mylords?
Wer war es denn, der eine Tiefgebeugte
Mir angekündigt? Eine Stolze find' ich,
Vom Unglück keineswegs geschmeidigt.

MARIA Sei's!
Ich will mich auch noch diesem unterwerfen.
Fahr hin, ohnmächt'ger Stolz der edeln Seele!
Ich will vergessen, wer ich bin, und was
Ich litt, ich will vor ihr mich niederwerfen,
Die mich in diese Schmach herunterstieß.

Sie wendet sich gegen die Königin.
Der Himmel hat für euch entschieden, Schwester!
Gekrönt vom Sieg ist euer glücklich Haupt,
Die Gottheit bet' ich an, die euch erhöhte!
Sie fällt vor ihr nieder.
Doch seid auch ihr nun edelmütig, Schwester!
Laßt mich nicht schmachvoll liegen, eure Hand
Streckt aus, reicht mir die königliche Rechte,
Mich zu erheben von dem tiefen Fall.

ELISABETH *zurücktretend:*
Ihr seid an eurem Platz, Lady Maria!
Und dankend preis' ich meines Gottes Gnade,
Der nicht gewollt, daß ich zu euren Füßen
So liegen sollte, wie ihr jetzt zu meinen.

MARIA *mit steigendem Affekt*:*
Denkt an den Wechsel alles Menschlichen!
Es leben Götter, die den Hochmut rächen!
Verehret, fürchtet sie, die schrecklichen,
Die mich zu euren Füßen niederstürzen –
Um dieser fremden Zeugen willen, ehrt
In mir euch selbst, entweihet, schändet nicht
Das Blut der Tudor, das in meinen Adern
Wie in den euren fließt – O Gott im Himmel!
Steht nicht da, schroff und unzugänglich, wie
Die Felsenklippe, die der Strandende
Vergeblich ringend zu erfassen strebt.
Mein Alles hängt, mein Leben, mein Geschick,
An meiner Worte, meiner Tränen Kraft,
Löst mir das Herz, daß ich das eure rühre!
Wenn ihr mich anschaut mit dem Eisesblick,
Schließt sich das Herz mir schaudernd zu, der Strom
Der Tränen stockt, und kaltes Grausen fesselt
Die Flehensworte mir im Busen an.

ELISABETH *kalt und streng:*
Was habt ihr mir zu sagen, Lady Stuart?

* Intensives Gefühl

Ihr habt mich sprechen wollen. Ich vergesse
Die Königin, die schwer beleidigte,
Die fromme Pflicht der Schwester zu erfüllen,
Und meines Anblicks Trost gewähr ich euch.
Dem Trieb der Großmut folg' ich, setze mich
Gerechtem Tadel aus, daß ich so weit
Herunter steige – denn ihr wißt,
Daß ihr mich habt ermorden lassen wollen.

MARIA Womit soll ich den Anfang machen, wie
Die Worte klüglich stellen, daß sie euch
Das Herz ergreifen, aber nicht verletzen!
O Gott, gib meiner Rede Kraft, und nimm
Ihr jeden Stachel, der verwunden könnte!
Kann ich doch für mich selbst nicht sprechen, ohne euch
Schwer zu verklagen, und das will ich nicht.
– Ihr habt an mir gehandelt, wie nicht recht ist,
Denn ich bin eine Königin wie ihr,
Und ihr habt als Gefangne mich gehalten,
Ich kam zu euch als eine Bittende,
Und ihr, des Gastrechts heilige Gesetze,
Der Völker heilig Recht in mir verhöhnend,
Schloßt mich in Kerkermauern ein, die Freunde,
Die Diener werden grausam mir entrissen,
Unwürd'gem Mangel werd' ich preis gegeben,
Man stellt mich vor ein schimpfliches Gericht –
Nichts mehr davon! Ein ewiges Vergessen
Bedecke, was ich grausames erlitt.
Fügung
– Seht! Ich will alles eine Schickung* nennen,
Ihr seid nicht schuldig, *ich* bin auch nicht schuldig,
Ein böser Geist stieg aus dem Abgrund auf,
Den Haß in unsern Herzen zu entzünden,
Der unsre zarte Jugend schon entzweit.
Er wuchs mit uns, und böse Menschen fachten
Der unglückselgen Flamme Atem zu.
Wahnsinn'ge Eiferer bewaffneten

Mit Schwert und Dolch die unberufne Hand –
Das ist das Fluchgeschick der Könige,
Daß sie, entzweit, die Welt in Haß zerreißen,
Und jeder Zwietracht ⌜Furien⌝ entfesseln.
– Jetzt ist kein fremder Mund mehr zwischen uns,
nähert sich ihr zutraulich und mit schmeichelndem Ton
Wir stehn einander selbst nun gegenüber.
Jetzt Schwester, redet! Nennt mir meine Schuld,
Ich will euch völliges Genügen leisten.
Ach, daß ihr damals mir Gehör geschenkt,
Als ich so dringend euer Auge suchte!
Es wäre nie so weit gekommen, nicht
An diesem traur'gen Ort geschähe jetzt
Die unglückselig traurige Begegnung.
ELISABETH Mein guter Stern bewahrte mich davor,
Die Natter an den Busen mir zu legen.
– Nicht die Geschicke, euer schwarzes Herz
Klagt an, die wilde Ehrsucht eures Hauses.
Nichts feindliches war zwischen uns geschehn,
Da kündigte mir euer Ohm*, der stolze, Onkel
Herrschwütge Priester, der die freche Hand
Nach allen Kronen streckt, die Fehde an,
Betörte euch, mein Wappen anzunehmen,
Euch meine Königstitel zuzueignen,
Auf Tod und Leben in den Kampf mit mir
Zu gehn – Wen rief er gegen mich nicht auf?
Der Priester Zungen und der Völker Schwert,
Des frommen Wahnsinns fürchterliche Waffen,
Hier selbst, im Friedenssitze meines Reichs,
Blies er mir der Empörung Flammen an –
Doch Gott ist mit mir, und der stolze Priester
Behält das Feld nicht – Meinem Haupte war
Der Streich gedrohet, und das eure fällt!
MARIA Ich steh' in Gottes Hand. Ihr werdet euch
So blutig eurer Macht nicht überheben –

ELISABETH Wer soll mich hindern? Euer Oheim gab
Das Beispiel allen Königen der Welt,
W i e man mit seinen Feinden Frieden macht,
Die ⌜Sankt Barthelemi⌝ sei meine Schule!
Was ist mir Blutsverwandtschaft, Völkerrecht?
Die Kirche trennet aller Pflichten Band,
Den Treubruch heiligt sie, den Königsmord,
Ich übe nur, was eure Priester lehren.
Sagt! Welches Pfand gewährte mir für euch,
Wenn ich großmütig eure Bande löste?
Mit welchem Schloß verwahr' ich eure Treue,
Das nicht ⌜Sankt Peters Schlüssel⌝ öffnen kann?
Gewalt nur ist die einz'ge Sicherheit,
Kein Bündnis ist mit dem Gezücht der Schlangen.
MARIA O das ist euer traurig finstrer Argwohn!
Ihr habt mich stets als eine Feindin nur
Und Fremdlingin betrachtet. Hättet ihr
Zu eurer Erbin mich erklärt, wie mir
Gebührt, so hätten Dankbarkeit und Liebe
Euch eine treue Freundin und Verwandte
In mir erhalten.
ELISABETH Draußen, Lady Stuart,
Ist eure Freundschaft, euer Haus das Papsttum,
Der Mönch ist euer Bruder – euch, zur Erbin
Erklären! Der verräterische Fallstrick!
Daß ihr bei meinem Leben noch mein Volk
Verführtet, eine ⌜listige Armida⌝
Die edle Jugend meines Königreichs
In eurem Buhlernetze schlau verstricktet –
Daß alles sich der neu aufgeh'nden Sonne
Zuwendete, und ich –
MARIA Regiert in Frieden!
Jedwedem Anspruch auf dies Reich entsag' ich.
Ach, meines Geistes Schwingen sind gelähmt,
Nicht Größe lockt mich mehr – Ihr habts erreicht,

Ich bin nur noch der Schatten der Maria.
Gebrochen ist in langer Kerkerschmach
Der edle Mut – Ihr habt das Äußerste an mir
Getan, habt mich zerstört in meiner Blüte!
– Jetzt macht ein Ende, Schwester. Sprecht es aus,
Das Wort, um dessentwillen ihr gekommen,
Denn nimmer will ich glauben, daß ihr kamt,
Um euer Opfer grausam zu verhöhnen.
Sprecht dieses Wort aus. Sagt mir: »Ihr seid frei,
Maria! Meine Macht habt ihr gefühlt,
Jetzt lernet meinen Edelmut verehren.«
Sagts, und ich will mein Leben, meine Freiheit
Als ein Geschenk aus eurer Hand empfangen.
– Ein Wort macht alles ungeschehn. Ich warte
Darauf. O laßt michs nicht zu lang erharren!
Weh euch, wenn ihr mit diesem Wort nicht endet!
Denn wenn ihr jetzt nicht segenbringend, herrlich,
Wie eine Gottheit von mir scheidet – Schwester!
Nicht um dies ganze reiche Eiland, nicht
Um alle Länder, die das Meer umfaßt,
Möcht ich vor euch so stehn, wie ihr vor mir!

ELISABETH Bekennt ihr endlich euch für überwunden?
Ists aus mit euren Ränken? Ist kein Mörder
Mehr unterweges? Will kein Abenteurer
Für euch die traur'ge Ritterschaft mehr wagen?
– Ja es ist aus, Lady Maria. Ihr verführt
Mir keinen mehr. Die Welt hat andre Sorgen.
Es lüstet keinen euer – vierter Mann
Zu werden, denn ihr tötet eure Freier,
Wie eure Männer!

MARIA *auffahrend:* Schwester! Schwester!
O Gott! Gott! Gib mir Mäßigung!

ELISABETH *sieht sie lange mit einem Blick stolzer Verachtung an:*
Das also sind die Reizungen, Lord Lester,

Die ungestraft kein Mann erblickt, daneben
Kein andres Weib sich wagen darf zu stellen!
billig, preiswert
Fürwahr! Der Ruhm war wohlfeil* zu erlangen,
Es kostet nichts, die allgemeine Schönheit
vulgäre
Zu sein, als die gemeine* sein für alle!

MARIA Das ist zu viel!

ELISABETH *höhnisch lachend:*
Jetzt zeigt ihr euer wahres
Gesicht, bis jetzt war's nur die Larve.

MARIA *von Zorn glühend, doch mit einer edeln Würde:*
Ich habe menschlich, jugendlich gefehlt,
Die Macht verführte mich, ich hab' es nicht
Verheimlicht und verborgen, falschen Schein
Hab' ich verschmäht, mit königlichem Freimut.
Das ärgste weiß die Welt von mir und ich
Kann sagen, ich bin besser als mein Ruf.
Weh euch, wenn sie von euren Taten einst
schimmernd
Den Ehrenmantel zieht, womit ihr gleißend*
Die wilde Glut verstohlner Lüste deckt.
Nicht Ehrbarkeit habt ihr von eurer Mutter
Geerbt, man weiß, um welcher Tugend willen
⌜Anna von Boulen⌝ das Schafott bestiegen.

SCHREWSBURY *tritt zwischen beide Königinnen:*
O Gott des Himmels! Muß es dahin kommen!
Ist das die Mäßigung, die Unterwerfung,
Lady Maria?

MARIA Mäßigung! Ich habe
Ertragen, was ein Mensch ertragen kann.
Fahr hin, lammherzige Gelassenheit,
Zum Himmel fliehe, leidende Geduld,
Spreng endlich deine Bande, tritt hervor
Aus deiner Höhle, langverhaltner Groll –
Und du, der dem gereizten ⌜Basilisk⌝
Den Mordblick gab, leg' auf die Zunge mir
Den gift'gen Pfeil –

SCHREWSBURY O sie ist außer sich!
Verzeih der rasenden, der schwer gereizten!
Elisabeth, für Zorn sprachlos, schießt wütende Blicke* vor
auf Marien.
LEICESTER *in der heftigsten Unruhe, sucht die Elisabeth hinweg zu führen:* Höre
Die Wütende nicht an! Hinweg, hinweg
Von diesem unglücksel'gen Ort!
MARIA Der Thron von England ist durch einen Bastard* Uneheliches Kind
Entweiht, der Briten edelherzig Volk
Durch eine list'ge Gauklerin betrogen.
– Regierte Recht, so läget Ihr vor mir
Im Staube jetzt, denn ich bin euer König.
Elisabeth geht schnell ab, die Lords folgen ihr in der höchsten Bestürzung.

Fünfter Auftritt

Maria. Kennedy.
KENNEDY O was habt ihr getan! Sie geht in Wut!
Jetzt ist es aus und alle Hoffnung schwindet.
MARIA *noch ganz außer sich:*
Sie geht in Wut! Sie trägt den Tod im Herzen!
der Kennedy um den Hals fallend
O wie mir wohl ist, Hanna! Endlich, endlich
Nach Jahren der Erniedrigung, der Leiden,
Ein Augenblick der Rache, des Triumphs!
Wie Bergeslasten fällts von meinem Herzen,
Das Messer stieß ich in der Feindin Brust.
KENNEDY Unglückliche! Der Wahnsinn reißt euch hin,
Ihr habt die Unversöhnliche verwundet.
Sie führt den Blitz, sie ist die Königin,
Vor ihrem Buhlen* habt ihr sie verhöhnt! Geliebten

MARIA Vor Lesters Augen hab' ich sie erniedrigt!
Er sah es, er bezeugte meinen Sieg!
Wie ich sie niederschlug von ihrer Höhe,
Er stand dabei, mich stärkte seine Nähe!

Sechster Auftritt

Mortimer zu den Vorigen.

KENNEDY O Sir! Welch ein Erfolg –
MORTIMER Ich hörte alles.
Gibt der Amme ein Zeichen, sich auf ihren Posten zu begeben, und tritt näher. Sein ganzes Wesen drückt eine heftige leidenschaftliche Stimmung aus.
Du hast gesiegt! Du tratst sie in den Staub,
Du warst die Königin, sie der Verbrecher.
Ich bin entzückt von deinem Mut, ich bete
Dich an, wie eine Göttin groß und herrlich
Erscheinst du mir in diesem Augenblick.
MARIA Ihr spracht mit Lestern, überbrachtet ihm
Mein Schreiben, mein Geschenk – O redet, Sir!
MORTIMER *mit glühenden Blicken sie betrachtend:*
Wie dich der edle königliche Zorn
Umglänzte, deine Reize mir verklärte!
Du bist das schönste Weib auf dieser Erde!
MARIA Ich bitt' euch, Sir! Stillt meine Ungeduld.
Was spricht Mylord? O sagt, was darf ich hoffen?
MORTIMER Wer? Er? das ist ein Feiger, Elender!
Hofft nichts von ihm, verachtet ihn, vergeßt ihn!
MARIA Was sagt ihr?
MORTIMER Er euch retten und besitzen!
Er euch! Er soll es wagen! Er! Mit mir
Muß er auf Tod und Leben darum kämpfen!

MARIA Ihr habt ihm meinen Brief nicht übergeben?
– O dann ists aus!
MORTIMER Der Feige liebt das Leben.
Wer dich will retten und die seine nennen,
Der muß den Tod beherzt umarmen können.
MARIA Er will nichts für mich tun!
MORTIMER Nichts mehr von ihm!
Was kann *Er* tun, und was bedarf man sein?
Ich will dich retten, ich allein!
MARIA Ach, was vermögt ihr!
MORTIMER Täuschet euch nicht mehr,
Als ob es noch wie gestern mit euch stünde!
So wie die Königin jetzt von euch ging,
Wie dies Gespräch sich wendete, ist alles
Verloren, jeder Gnadenweg gesperrt.
Der *Tat* bedarfs jetzt, *Kühnheit* muß entscheiden,
Für Alles werde Alles frisch gewagt,
Frei müßt ihr sein, noch eh der Morgen tagt.
MARIA Was sprecht ihr? diese Nacht! Wie ist das möglich?
MORTIMER Hört, was beschlossen ist. Versammelt hab' ich
In heimlicher Kapelle* die Gefährten,
Ein Priester hörte unsre Beichte an,
Ablaß ist uns erteilt für alle Schulden,
Die wir begingen, ⌜Ablaß⌝ im voraus
Für alle, die wir noch begehen werden.
Das letzte Sakrament* empfingen wir,
Und fertig sind wir zu der letzten Reise.
MARIA O welche fürchterliche Vorbereitung!
MORTIMER Dies Schloß ersteigen wir in dieser Nacht,
Der Schlüssel bin ich mächtig. Wir ermorden
Die Hüter, reißen dich aus deiner Kammer
Gewaltsam, sterben muß von unsrer Hand,
Daß niemand überbleibe, der den Raub
Verraten könne, jede lebende Seele.

Privatkapelle

letzte Ölung, Sterbesakrament

MARIA Und Drury, Paulet, meine Kerkermeister?
O eher werden sie ihr letztes Blut –
MORTIMER Von meinem Dolche fallen sie zuerst!
MARIA Was? Euer Oheim, euer zweiter Vater?
MORTIMER Von meinen Händen stirbt er. Ich ermord' ihn.
MARIA O blut'ger Frevel!
MORTIMER Alle Frevel sind
Vergeben im voraus. Ich kann das Ärgste
Begehen, und ich wills.
MARIA O schrecklich, schrecklich!
MORTIMER Und müßt' ich auch die Königin durchbohren,
Ich hab' es auf die Hostie geschworen.
MARIA Nein, Mortimer! Eh' so viel Blut um mich –
MORTIMER Was ist mir alles Leben gegen dich
Und meine Liebe! Mag der Welten Band
Sich lösen, eine zweite Wasserflut
Herwogend alles atmende verschlingen!
– Ich achte nichts mehr! Eh' ich dir entsage,
Eh' nahe sich das Ende aller Tage.
MARIA *zurücktretend:*
Gott! Welche Sprache Sir, und – welche Blicke!
– Sie schrecken, sie verscheuchen mich.
MORTIMER *mit irren Blicken, und im Ausdruck des stillen Wahnsinns:* Das Leben ist
Nur ein Moment, der Tod ist auch nur einer!
– Man schleife mich nach Tyburn, Glied für Glied
Zerreiße man mit glühnder Eisenzange,
indem er heftig auf sie zugeht, mit ausgebreiteten Armen
Wenn ich dich, Heißgeliebte, umfange –
MARIA *zurücktretend:*
Unsinniger, zurück –
MORTIMER An dieser Brust,
Auf diesem Liebe atmenden Munde –
MARIA Um Gotteswillen, Sir! Laßt mich hinein gehn!
MORTIMER Der ist ein Rasender, der nicht das Glück

Festhält in unauflöslicher Umarmung,
Wenn es ein Gott in seine Hand gegeben.
Ich will dich retten, kost' es tausend Leben,
Ich rette dich, ich will es, doch sowahr
Gott lebt! Ich schwör's, ich will dich auch besitzen.
MARIA O will kein Gott, kein Engel mich beschützen!
Furchtbares Schicksal! Grimmig schleuderst du
Von einem Schrecknis mich dem andern zu.
Bin ich geboren, nur die Wut zu wecken?
Verschwört sich Haß und Liebe, mich zu schrecken.
MORTIMER Ja glühend, wie sie hassen, lieb' ich dich!
Sie wollen dich enthaupten, diesen Hals,
Den blendend weißen, mit dem Beil durchschneiden.
O weihe du dem Lebensgott der Freuden,
Was du dem Hasse blutig opfern mußt.
Mit diesen Reizen, die nicht dein mehr sind,
Beselige den glücklichen Geliebten.
Die schöne Locke, dieses seidne Haar
Verfallen schon den finstern Todesmächten,
Gebrauchs, den Sklaven ewig zu umflechten!
MARIA O welche Sprache muß ich hören! Sir!
Mein Unglück sollt euch heilig sein, mein Leiden,
Wenn es mein königliches Haupt nicht ist.
MORTIMER Die Krone ist von deinem Haupt gefallen,
Du hast nichts mehr von ird'scher Majestät,
Versuch' es, laß dein Herrscherwort erschallen,
Ob dir ein Freund, ein Retter aufersteht.
Nichts blieb dir als die rührende Gestalt,
Der hohen Schönheit göttliche Gewalt,
Die läßt mich alles wagen und vermögen,
Die treibt dem Beil des Henkers mich entgegen –
MARIA O wer errettet mich von seiner Wut!
MORTIMER Verwegner Dienst belohnt sich auch verwegen!
Warum versprützt* der Tapfere sein Blut? verspritzt

Ist Leben doch des Lebens höchstes Gut!
Ein Rasender, der es umsonst verschleudert!
Erst will ich ruhn an seiner wärmsten Brust –
Er preßt sie heftig an sich.
MARIA O muß ich Hülfe rufen gegen den Mann,
Der mein Erretter –
MORTIMER Du bist nicht gefühllos,
Nicht kalter Strenge klagt die Welt dich an,
Dich kann die heiße Liebesbitte rühren,
Du hast den Sänger Rizzio beglückt,
Und jener Bothwell durfte dich entführen.
MARIA Vermessener!
MORTIMER Er war nur dein Tyrann!
Du zittertest vor ihm, da du ihn liebtest!
Wenn nur der Schrecken dich gewinnen kann,
Beim Gott der Hölle! –
MARIA Laßt mich! Raset ihr?
MORTIMER Erzittern sollst du auch vor mir!
KENNEDY *hereinstürzend:*
Man naht. Man kommt. Bewaffnet Volk erfüllt
Den ganzen Garten.
MORTIMER *auffahrend und zum Degen greifend:*
Ich beschütze dich.
MARIA O Hanna! Rette mich aus seinen Händen!
Wo find' ich Ärmste einen Zufluchtsort?
Zu welchem Heiligen soll ich mich wenden?
Hier ist Gewalt und drinnen ist der Mord.
Sie flieht dem Hause zu, Kennedy folgt.

Siebenter Auftritt

Mortimer. Paulet und Drury, welche außer sich hereinstürzen. Gefolge eilt über die Szene.

PAULET Verschließt die Pforten. Zieht die Brücken auf!
MORTIMER Oheim, was ist's?
PAULET Wo ist die Mörderin?
Hinab mit ihr ins finsterste Gefängnis!
MORTIMER Was gibt's? Was ist geschehn?
PAULET Die Königin!
Verfluchte Hände! Teuflisches Erkühnen!
MORTIMER Die Königin! Welche Königin?
PAULET Von England!
Sie ist ermordet auf der Londner Straßen!
Eilt ins Haus.

Achter Auftritt

Mortimer. Gleich darauf Okelly.

MORTIMER Bin ich im Wahnwitz? Kam nicht eben jemand
Vorbei und rief: Die Königin sei ermordet?
Nein, nein, mir träumte nur. Ein Fieberwahn
Bringt mir als wahr und wirklich vor den Sinn,
Was die Gedanken gräßlich mir erfüllt.
Wer kommt? Es ist Okell'. So schreckenvoll!
OKELLY *hereinstürzend:*
Flieht, Mortimer! Flieht. Alles ist verloren.
MORTIMER Was ist verloren?
OKELLY Fragt nicht lange. Denkt
Auf schnelle Flucht.
MORTIMER Was gibt's denn?

OKELLY ⌜Sauvage⌝ führte
Den Streich, der rasende.
MORTIMER So ist es wahr?
OKELLY Wahr, wahr! O rettet euch!
MORTIMER Sie ist ermordet,
Und auf den Thron von England steigt Maria!
OKELLY Ermordet! Wer sagt das?
MORTIMER Ihr selbst!
OKELLY Sie lebt!
Und ich und ihr, wir alle sind des Todes.
MORTIMER
Sie lebt!
OKELLY Der Stoß ging fehl, der Mantel fing ihn auf,
Und Schrewsbury entwaffnete den Mörder.
MORTIMER Sie lebt!
OKELLY Lebt, um uns alle zu verderben!
Kommt, man umzingelt schon den Park.
MORTIMER Wer hat
Das rasende getan?
OKELLY Der ⌜Barnabit'⌝
Aus Toulon war's, den ihr in der Kapelle
Tiefsinnig sitzen saht, als uns der Mönch
Das Anathem'* ausdeutete, worin
Der Papst die Königin mit dem Fluch belegt.
Das nächste, kürzeste wollt' er ergreifen,
Mit einem kecken Streich die Kirche Gottes
Befrein, die Martyrkrone sich erwerben,
Dem Priester nur vertraut' er seine Tat,
Und auf dem Londner Weg ward sie vollbracht.
MORTIMER *nach einem langen Stillschweigen:*
O dich verfolgt ein grimmig wütend Schicksal,
Unglückliche! Jetzt – ja jetzt mußt du sterben,
Dein Engel selbst bereitet deinen Fall.
OKELLY Sagt! Wohin wendet ihr die Flucht? Ich gehe,
Mich in des Nordens Wäldern zu verbergen.

Anathema (Kirchenbann)

MORTIMER Flieht hin und Gott geleite eure Flucht!
Ich bleibe. Noch versuch' ichs, sie zu retten,
Wo nicht, auf ihrem Sarge mir zu betten.
Gehen ab zu verschiedenen Seiten.

Vierter Aufzug

Vorzimmer

Erster Auftritt

Graf Aubespine. Kent und Leicester.

AUBESPINE Wie steht's um Ihro Majestät? Mylords,
Ihr seht mich noch ganz außer mir für Schrecken.
Wie ging das zu? Wie konnte das in Mitte
Des allertreusten Volks geschehen?
LEICESTER Es geschah
Durch keinen aus dem Volke. Der es tat,
Franzose War eures Königs Untertan, ein Franke*.
gewiss AUBESPINE Ein Rasender gewißlich*.
KENT Ein Papist,
Graf Aubespine!

Zweiter Auftritt

Vorige. Burleigh im Gespräch mit Davison.

BURLEIGH Sogleich muß der Befehl
Zur Hinrichtung verfaßt und mit dem Siegel
Versehen werden – Wenn er ausgefertigt,
Wird er der Königin zur Unterschrift
Gebracht. Geht! Keine Zeit ist zu verlieren.
DAVISON Es soll geschehn.
Geht ab.

AUBESPINE *Burleigh entgegen:* Mylord, mein treues Herz
Teilt die gerechte Freude dieser Insel.
Lob sei dem Himmel, der den Mörderstreich
Gewehrt von diesem königlichen Haupt!
BURLEIGH Er sei gelobt, der unsrer Feinde Bosheit
Zu Schanden machte!
AUBESPINE Mög' ihn Gott verdammen,
Den Täter dieser fluchenswerten Tat!
BURLEIGH Den Täter und den schändlichen Erfinder.
AUBESPINE *zu Kent:*
Gefällt es Eurer Herrlichkeit, Lordmarschall,
Bei Ihro Majestät mich einzuführen,
Daß ich den Glückwunsch meines Herrn und Königs
Zu ihren Füßen schuldigst niederlege –
BURLEIGH Bemüht euch nicht, Graf Aubespine.
AUBESPINE *offizios*:* Ich weiß,
Lord Burleigh, was mir obliegt.
BURLEIGH Euch liegt ob,
Die Insel auf das schleunigste zu räumen.
AUBESPINE *tritt erstaunt zurück:*
Was! Wie ist das!
BURLEIGH Der ⌜heilige Charakter⌝
Beschützt euch heute noch und morgen nicht mehr.
AUBESPINE Und was ist mein Verbrechen?
BURLEIGH Wenn ich es
Genannt, so ist es nicht mehr zu vergeben.
AUBESPINE Ich hoffe, Lord, das Recht der Abgesandten –
BURLEIGH
Schützt – Reichsverräter nicht.
LEICESTER *und* KENT Ha! Was ist das!
AUBESPINE Mylord,
Bedenkt ihr wohl –
BURLEIGH Ein Paß, von eurer Hand
Geschrieben, fand sich in des Mörders Tasche.
KENT Ist's möglich?

* offizios: halbamtlich, hier: im Amtston

AUBESPINE Viele Pässe teil' ich aus,
Ich kann der Menschen Innres nicht erforschen.
BURLEIGH In eurem Hause beichtete der Mörder.
AUBESPINE Mein Haus ist offen.
BURLEIGH Jedem Feinde Englands.
AUBESPINE Ich fodre Untersuchung.
BURLEIGH Fürchtet sie!
AUBESPINE In meinem Haupt ist mein Monarch verletzt,
Zerreißen wird er das geschloßne Bündnis.
BURLEIGH Zerrissen schon hat es die Königin,
England wird sich mit Frankreich nicht vermählen.
Mylord von Kent! Ihr übernehmet es,
Den Grafen sicher an das Meer zu bringen.
Das aufgebrachte Volk hat sein Hotel*
Gestürmt, wo sich ein ganzes Arsenal*
Von Waffen fand, es droht ihn zu zerreißen,
Wie er sich zeigt; verberget ihn, bis sich
Die Wut gelegt – Ihr haftet für sein Leben!
AUBESPINE Ich gehe, ich verlasse dieses Land,
Wo man der Völker Recht mit Füßen tritt,
Und mit Verträgen spielt – doch mein Monarch
Wird blut'ge Rechenschaft –
BURLEIGH Er hole sie!
Kent und Aubespine gehen ab.

Hotel: Hier: Stadtpalais einer aristokratischen Familie
Arsenal: Lager, Vorrat

Dritter Auftritt

Leicester und Burleigh.

LEICESTER So löst ihr selbst das Bündnis wieder auf,
Das ihr geschäftig unberufen knüpftet.
Ihr habt um England wenig Dank verdient,
Mylord, die Mühe konntet ihr euch sparen.

BURLEIGH Mein Zweck war gut. Gott leitete es anders.
Wohl dem, der sich nichts schlimmeres bewußt ist!
LEICESTER Man kennt Cecils* geheimnisreiche Miene, D.i. Burleigh
Wenn er die Jagd auf Staatsverbrechen macht.
– Jetzt, Lord, ist eine gute Zeit für euch.
Ein ungeheurer Frevel ist geschehn,
Und noch umhüllt Geheimnis seine Täter.
Jetzt wird ein ⌜Inquisitionsgericht⌝
Eröffnet. Wort und Blicke werden abgewogen,
Gedanken selber vor Gericht gestellt.
Da seid Ihr der allwichtge Mann, der ⌜Atlas⌝
Des Staats, ganz England liegt auf euren Schultern.
BURLEIGH In euch, Mylord, erkenn' ich meinen Meister,
Denn solchen Sieg, als eure Rednerkunst
Erfocht, hat meine nie davon getragen.
LEICESTER Was meint ihr damit, Lord?
BURLEIGH Ihr wart es doch, der hinter meinem Rücken
Die Königin nach Fotheringhayschloß
Zu locken wußte?
LEICESTER Hinter eurem Rücken!
Wann scheuten meine Taten eure Stirn?
BURLEIGH Die Königin hättet Ihr nach Fotheringhay
Geführt? Nicht doch! Ihr habt die Königin
Nicht hingeführt! – Die Königin war es,
Die so gefällig war, Euch hinzuführen.
LEICESTER Was wollt ihr damit sagen, Lord?
BURLEIGH Die edle
Person, die ihr die Königin dort spielen ließt!
Der herrliche Triumph, den ihr der arglos
Vertrauenden bereitet – Güt'ge Fürstin!
So schamlos frech verspottete man dich,
So schonungslos wardst du dahin gegeben!
– Das also ist die Großmut und die Milde,
Die euch im Staatsrat plötzlich angewandelt!
Darum ist diese Stuart ein so schwacher,

Verachtungswerter Feind, daß es der Müh
Nicht lohnt, mit ihrem Blut sich zu beflecken!
Ein feiner Plan! Fein zugespitzt! Nur schade,
Zu fein geschärfet, daß die Spitze brach!

LEICESTER
Nichtswürdiger! Gleich folgt mir! An dem Throne
Der Königin sollt ihr mir Rede stehn.

BURLEIGH Dort trefft ihr mich – Und sehet zu, Mylord,
Daß euch dort die Beredsamkeit nicht fehle!
Geht ab.

Vierter Auftritt

Leicester allein, darauf Mortimer.

LEICESTER Ich bin entdeckt, ich bin durchschaut – Wie kam
Der Unglückselige auf meine Spuren!
Weh mir, wenn er Beweise hat! Erfährt
Die Königin, daß zwischen mir und der Maria
Verständnisse gewesen – Gott! Wie schuldig
Steh ich vor ihr! Wie hinterlistig treulos
Erscheint mein Rat, mein unglückseliges
Bemühn, nach Fotheringhay sie zu führen!
Grausam verspottet sieht sie sich von mir,
An die verhaßte Feindin sich verraten!
O nimmer, nimmer kann sie das verzeihn!
Vorherbedacht wird alles nun erscheinen,
Auch diese bittre Wendung des Gesprächs,
Der Gegnerin Triumph und Hohngelächter,
Ja selbst die Mörderhand, die blutig schrecklich,
Ein unerwartet ungeheures Schicksal,
Dazwischen kam, werd' ich bewaffnet haben!
Nicht Rettung seh' ich, nirgends! Ha! Wer kommt!

MORTIMER *kommt in der heftigsten Unruhe und blickt scheu umher:*
Graf Lester! Seid ihrs? Sind wir ohne Zeugen?
LEICESTER Unglücklicher, hinweg! Was sucht ihr hier?
MORTIMER Man ist auf unsrer Spur, auf eurer auch,
Nehmt euch in Acht.
LEICESTER Hinweg, hinweg!
MORTIMER Man weiß,
Daß bei dem Grafen Aubespine geheime
Versammlung war –
LEICESTER Was kümmerts mich!
MORTIMER Daß sich der Mörder
Dabei befunden –
LEICESTER Das ist eure Sache!
Verwegener! Was unterfangt ihr euch,
In euren blutgen Frevel m i c h zu flechten?
Verteidigt eure bösen Händel selbst!
MORTIMER So hört mich doch nur an.
LEICESTER *in heftigem Zorn:* Geht in die Hölle!
Was hängt ihr euch, gleich einem bösen Geist,
An meine Fersen! Fort! Ich kenn' euch nicht,
Ich habe nichts gemein mit Meuchelmördern.
MORTIMER
Ihr wollt nicht hören. Euch zu warnen komm ich,
Auch eure Schritte sind verraten –
LEICESTER Ha!
MORTIMER Der Großschatzmeister* war zu Fotheringhay, D.i. Burleigh
Sogleich nachdem die Unglückstat geschehn war,
Der Königin Zimmer wurden streng durchsucht,
Da fand sich –
LEICESTER Was?
MORTIMER Ein angefangner Brief
Der Königin an euch –
LEICESTER Die Unglücksel'ge!
MORTIMER Worin sie euch auffodert, Wort zu halten,

Euch das Versprechen ihrer Hand erneuert,
Des Bildnisses gedenkt –
LEICESTER Tod und Verdammnis!
MORTIMER Lord Burleigh hat den Brief.
LEICESTER Ich bin verloren!
Er geht während der folgenden Rede Mortimers verzweiflungsvoll auf und nieder.
MORTIMER Ergreift den Augenblick! Kommt ihm zuvor!
Errettet euch, errettet sie – Schwört euch
Heraus, ersinnt Entschuldigungen, wendet
Das Ärgste ab! Ich selbst kann nichts mehr tun.
Zerstreut sind die Gefährten, auseinander
Gesprengt ist unser ganzer Bund. Ich eile
Nach Schottland, neue Freunde dort zu sammeln.
An euch ist's jetzt, versucht, was euer Ansehn,
Was eine kecke Stirn vermag!
LEICESTER *steht still, plötzlich besonnen:*
Das will ich.
Er geht nach der Türe, öffnet sie, und ruft.
He da! Trabanten!
Zu dem Offizier, der mit Bewaffneten hereintritt.
Diesen Staatsverräter
Nehmt in Verwahrung und bewacht ihn wohl!
Die schändlichste Verschwörung ist entdeckt,
Ich bringe selbst der Königin die Botschaft.
Er geht ab.
vor MORTIMER *steht anfangs starr für* Erstaunen, faßt sich aber bald und sieht Leicestern mit einem Blick der tiefsten Verachtung nach:*
Ha, Schändlicher – Doch ich verdiene das!
Wer hieß mich auch dem Elenden vertrauen?
Weg über meinen Nacken schreitet er,
Mein Fall muß ihm die Rettungsbrücke bauen.
– So rette dich! Verschlossen bleibt mein Mund,
Ich will dich nicht in mein Verderben flechten.

Auch nicht im Tode mag ich deinen Bund,
Das Leben ist das einz'ge Gut des Schlechten.
Zu dem Offizier der Wache, der hervortritt, um ihn gefangen zu nehmen.
Was willst du, feiler* Sklav der Tyrannei? käuflicher
Ich spotte deiner, ich bin frei!
Einen Dolch ziehend.

OFFIZIER Er ist bewehrt – Entreißt ihm seinen Dolch!
Sie dringen auf ihn ein, er erwehrt sich ihrer.

MORTIMER Und frei im letzten Augenblicke soll
Mein Herz sich öffnen, meine Zunge lösen!
Fluch und Verderben euch, die ihren Gott
Und ihre wahre Königin verraten!
Die von der irdischen Maria sich
Treulos, wie von der himmlischen gewendet,
Sich dieser Bastardkönigin verkauft –

OFFIZIER Hört ihr die Lästrung! Auf! Ergreifet ihn.

MORTIMER Geliebte! Nicht erretten konnt' ich dich,
So will ich dir ein männlich Beispiel geben.
Maria, heilge, bitt für mich!
Und nimm mich zu dir in dein himmlisch Leben!
Er durchsticht sich mit dem Dolch und fällt der Wache in die Arme.

Fünfter Auftritt

Zimmer der Königin
Elisabeth, einen Brief in der Hand. Burleigh.

ELISABETH Mich hinzuführen! Solchen Spott mit mir
Zu treiben! Der Verräter! Im Triumph
Vor seiner Buhlerin mich aufzuführen!
O so ward noch kein Weib betrogen, Burleigh!

BURLEIGH Ich kann es noch nicht fassen, wie es ihm,
Durch welche Macht, durch welche Zauberkünste
Gelang, die Klugheit meiner Königin
So sehr zu überraschen.
ELISABETH O ich sterbe
Für Scham*! Wie mußt' er meiner Schwäche spotten!
Sie glaubt' ich zu erniedrigen und war,
Ich selber, ihres Spottes Ziel!

*Vor Scham

BURLEIGH Du siehst nun ein, wie treu *ich* dir geraten!
ELISABETH O ich bin schwer dafür gestraft, daß ich
Von eurem weisen Rate mich entfernt!
Und sollt' ich *ihm* nicht glauben? In den Schwüren
Der treusten Liebe einen Fallstrick fürchten?
Wem darf ich trau'n, wenn *er* mich hinterging?
Er, den ich groß gemacht vor allen Großen,
Der mir der nächste stets am Herzen war,
Dem ich verstattete, an diesem Hof
Sich wie der Herr, der König zu betragen!
BURLEIGH Und zu derselben Zeit verriet er dich
An diese falsche Königin von Schottland!
ELISABETH O sie bezahle mir's mit ihrem Blut!
– Sagt! Ist das Urteil abgefaßt?
BURLEIGH Es liegt
Bereit, wie du befohlen.
ELISABETH Sterben soll sie!
Er soll sie fallen sehn, und nach ihr fallen.
Verstoßen hab' ich ihn aus meinem Herzen,
Fort ist die Liebe, Rache füllt es ganz.
So hoch er stand, so tief und schmählich sei
Sein Sturz! Er sei ein Denkmal meiner Strenge,
Wie er ein Beispiel meiner Schwäche war.
Man führ' ihn nach dem Tower, ich werde Peers
Ernennen, die ihn richten, hingegeben
Sei er der ganzen Strenge des Gesetzes.
BURLEIGH Er wird sich zu dir drängen, sich rechtfertgen –

ELISABETH Wie kann er sich rechtfertgen? Überführt
Ihn nicht der Brief? O sein Verbrechen ist
Klar wie der Tag!
BURLEIGH Doch du bist mild und gnädig,
Sein Anblick, seine mächtge Gegenwart –
ELISABETH Ich will ihn nicht sehn. Niemals, niemals
wieder!
Habt ihr Befehl gegeben, daß man ihn
Zurück weis't, wenn er kommt?
BURLEIGH So ist's befohlen!
PAGE *tritt ein:* Mylord von Lester!
KÖNIGIN Der Abscheuliche!
Ich will ihn nicht sehn. Sagt ihm, daß ich ihn
Nicht sehen will.
PAGE Das wag' ich nicht, dem Lord
Zu sagen, und er würde mirs nicht glauben.
KÖNIGIN So hab' ich ihn erhöht, daß meine Diener
Vor seinem Ansehn mehr als meinem zittern!
BURLEIGH *zum Pagen:*
Die Königin verbiet' ihm, sich zu nahn!
Page geht zögernd ab.
KÖNIGIN *nach einer Pause:*
Wenns dennoch möglich wäre – Wenn er sich
Rechtfertgen könnte! – Sagt mir, könnt' es nicht
Ein Fallstrick sein, den mir Maria legte,
Mich mit dem treusten Freunde zu entzwein!
O sie ist eine abgefeimte* Bübin, gerissene
Wenn sie den Brief nur schrieb, mir gift'gen Argwohn
Ins Herz zu streun, ihn, den sie haßt, ins Unglück
Zu stürzen –
BURLEIGH Aber Königin, erwäge –

Sechster Auftritt

Vorige. Leicester.

LEICESTER *reißt die Tür mit Gewalt auf, und tritt mit gebietrischem Wesen herein:*
Den Unverschämten will ich sehn, der mir
Das Zimmer meiner Königin verbietet.

ELISABETH Ha, der Verwegene!

LEICESTER Mich abzuweisen!
Wenn sie für einen Burleigh sichtbar ist,
So ist sie's auch für mich!

BURLEIGH Ihr seid sehr kühn, Mylord,
Hier wider die Erlaubnis einzustürmen.

LEICESTER
Ihr seid sehr frech, Lord, hier das Wort zu nehmen.
Erlaubnis! Was! Es ist an diesem Hofe
Niemand, durch dessen Mund Graf Lester sich
Erlauben und verbieten lassen kann!
Indem er sich der Elisabeth demütig nähert.
Aus meiner Königin eignem Mund will ich –

ELISABETH *ohne ihn anzusehen:*
Aus meinem Angesicht, Nichtswürdiger!

LEICESTER Nicht meine gütige Elisabeth,
Den Lord vernehm ich, meinen Feind, in diesen
Unholden Worten – Ich berufe mich auf m e i n e
Elisabeth – Du liehest i h m dein Ohr,
Das gleiche fodr' ich.

ELISABETH Redet, Schändlicher!
Vergrößert euren Frevel! Leugnet ihn!

LEICESTER Laßt diesen Überlästigen sich erst
Entfernen – Tretet ab, Mylord – Was ich
Mit meiner Königin zu verhandeln habe,
Braucht keinen Zeugen. Geht.

ELISABETH *zu Burleigh:* Bleibt. Ich befehl' es!

LEICESTER Was soll der Dritte zwischen dir und mir!
Mit meiner angebeteten Monarchin
Hab' ichs zu tun – Die Rechte meines Platzes
Behaupt' ich – Es sind heil'ge Rechte!
Und ich bestehe drauf, daß sich der Lord
Entferne!

ELISABETH Euch geziemt die stolze Sprache!

LEICESTER Wohl ziemt sie mir, denn ich bin der Beglückte,
Dem deine Gunst den hohen Vorzug gab,
Das hebt mich über ihn und über alle!
Dein Herz verlieh mir diesen stolzen Rang,
Und was die Liebe gab, werd' ich, bei Gott!
Mit meinem Leben zu behaupten wissen.
Er geh' – und zweier Augenblicke nur
Bedarfs, mich mit dir zu verständigen.

ELISABETH
Ihr hofft umsonst, mich listig zu beschwatzen.

LEICESTER Beschwatzen konnte dich der Plauderer,
Ich aber will zu deinem Herzen reden!
Und was ich im Vertraun auf deine Gunst
Gewagt, will ich auch nur vor deinem Herzen
Rechtfertigen – Kein anderes Gericht
Erkenn' ich über mir, als deine Neigung!

ELISABETH Schamloser! Eben diese ist's, die euch zuerst
Verdammt – Zeigt ihm den Brief, Mylord!

BURLEIGH Hier ist er!

LEICESTER *durchläuft den Brief ohne die Fassung zu verändern:*
Das ist der Stuart Hand!

ELISABETH Les't und verstummt!

LEICESTER *nachdem er gelesen, ruhig:*
Der Schein ist gegen mich, doch darf ich hoffen,
Daß ich nicht nach dem Schein gerichtet werde!

ELISABETH Könnt ihr es leugnen, daß ihr mit der Stuart
In heimlichem Verständnis wart, ihr Bildnis
Empfingt, ihr zur Befreiung Hoffnung machtet?

LEICESTER Leicht wäre mirs, wenn ich mich schuldig fühlte,
Das Zeugnis einer Feindin zu verwerfen!
Doch frei ist mein Gewissen, ich bekenne,
Daß sie die Wahrheit schreibt!
ELISABETH Nun denn
Unglücklicher!
BURLEIGH Sein eigner Mund verdammt ihn.
ELISABETH Aus meinen Augen. In den Tower – Verräter!
LEICESTER Der bin ich nicht. Ich hab' gefehlt, daß ich
Aus diesem Schritt dir ein Geheimnis machte,
Doch redlich war die Absicht, es geschah,
Die Feindin zu erforschen, zu verderben.
ELISABETH Elende Ausflucht –
BURLEIGH Wie, Mylord? Ihr glaubt –
LEICESTER Ich habe ein gewagtes Spiel gespielt,
Ich weiß, und nur Graf Lester durfte sich
An diesem Hofe solcher Tat erkühnen.
Wie ich die Stuart hasse, weiß die Welt.
Der Rang, den ich bekleide, das Vertrauen,
Wodurch die Königin mich ehrt, muß jeden Zweifel
In meine treue Meinung niederschlagen.
Wohl darf der Mann, den deine Gunst vor allen
Auszeichnet, einen eignen kühnen Weg
Einschlagen, seine Pflicht zu tun.
BURLEIGH Warum,
Wenns eine gute Sache war, verschwiegt ihr?
LEICESTER Mylord! Ihr pflegt zu schwatzen, eh' ihr handelt,
Und seid die Glocke eurer Taten. *Das*
Ist *Eure* Weise, Lord. Die meine ist,
Erst handeln und dann reden!
BURLEIGH Ihr redet jetzo weil ihr müßt.
LEICESTER *ihn stolz und höhnisch mit den Augen messend:*
Und ihr

Berühmt euch, eine wundergroße Tat
Ins Werk gerichtet, eure Königin
Gerettet, die Verräterei entlarvt
Zu haben – Alles wißt ihr, eurem Scharfblick
Kann nichts entgehen, meint ihr – Armer Prahler!
Trotz eurer Spürkunst war Maria Stuart
Noch heute frei, wenn ich es nicht verhindert.

BURLEIGH Ihr hättet –

LEICESTER Ich, Mylord. Die Königin
Vertraute sich dem Mortimer, sie schloß
Ihr Innerstes ihm auf, sie ging so weit,
Ihm einen blut'gen Auftrag gegen die Maria
Zu geben, da der Oheim sich mit Abscheu
Von einem gleichen Antrag abgewendet –
Sagt! Ist es nicht so?

Königin und Burleigh sehen einander betroffen an.

BURLEIGH Wie gelangtet ihr
Dazu? –

LEICESTER Ists nicht so? – Nun, Mylord! Wo hattet
Ihr eure tausend Augen, nicht zu sehn,
Daß dieser Mortimer euch hinterging?
Daß er ein wütender Papist, ein Werkzeug
Der Guisen, ein Geschöpf der Stuart war,
Ein keck entschloßner Schwärmer, der gekommen,
Die Stuart zu befrein, die Königin
Zu morden –

ELISABETH *mit dem äußersten Erstaunen:*
Dieser Mortimer!

LEICESTER Er war's, durch den
Maria Unterhandlung mit mir pflog*, pflegte
Den ich auf diesem Wege kennen lernte.
Noch heute sollte sie aus ihrem Kerker
Gerissen werden, diesen Augenblick
Entdeckte mirs sein eigner Mund, ich ließ ihn
Gefangen nehmen, und in der Verzweiflung,

Sein Werk vereitelt, sich entlarvt zu sehn,
Gab er sich selbst den Tod!

ELISABETH O ich bin unerhört
Betrogen – dieser Mortimer!

BURLEIGH Und jetzt
Geschah das? Jetzt, nachdem ich euch verlassen!

LEICESTER Ich muß um meinetwillen sehr beklagen,
Daß es dies Ende mit ihm nahm. Sein Zeugnis,
Wenn er noch lebte, würde mich vollkommen
Gereinigt, aller Schuld entledigt haben.
Drum übergab ich ihn des Richters Hand.
Die strengste Rechtsform sollte meine Unschuld
Vor aller Welt bewähren und besiegeln.

BURLEIGH Er tötete sich, sagt ihr. Er sich selber? Oder
Ihr ihn?

LEICESTER
Unwürdiger Verdacht! Man höre
Die Wache ab, der ich ihn übergab!
Er geht an die Tür und ruft hinaus. Der Offizier der Leibwache tritt herein.
Erstattet Ihrer Majestät Bericht,
Wie dieser Mortimer umkam!

OFFIZIER Ich hielt die Wache
Im Vorsaal, als Mylord die Türe schnell
Eröffnete und mir befahl, den Ritter
Als einen Staatsverräter zu verhaften.
Wir sahen ihn hierauf in Wut geraten,
Den Dolch ziehn, unter heftiger Verwünschung
Der Königin, und eh wirs hindern konnten,
Ihn in die Brust sich stoßen, daß er tot
Zu Boden stürzte –

LEICESTER Es ist gut. Ihr könnt
Abtreten, Sir! Die Königin weiß genug!
Offizier geht ab.

ELISABETH O welcher Abgrund von Abscheulichkeiten –

LEICESTER Wer war's nun, der dich rettete? War es
Mylord von Burleigh? Wußt' er die Gefahr,
Die dich umgab? War er's, der sie von dir
Gewandt? – Dein treuer Lester war dein Engel!
BURLEIGH Graf! Dieser Mortimer starb euch sehr gelegen.
ELISABETH
Ich weiß nicht, was ich sagen soll. Ich glaub' euch,
Und glaub' euch nicht. Ich denke, ihr seid schuldig,
Und seid es nicht! O die verhaßte, die
Mir all dies Weh bereitet!
LEICESTER Sie muß sterben.
Jetzt stimm' ich selbst für ihren Tod. Ich riet
Dir an, das Urteil unvollstreckt zu lassen,
Bis sich aufs neu ein Arm für sie erhübe.
Dies ist geschehn – und ich bestehe drauf,
Daß man das Urteil ungesäumt vollstrecke.
BURLEIGH Ihr rietet dazu! Ihr!
LEICESTER So sehr es mich
Empört, zu einem Äußersten zu greifen,
Ich sehe nun und glaube, daß die Wohlfahrt
Der Königin dies blut'ge Opfer heischt*, verlangt
Drum trag' ich darauf an, daß der Befehl
Zur Hinrichtung gleich ausgefertigt werde!
BURLEIGH *zur Königin:*
Da es Mylord so treu und ernstlich meint,
So trag' ich darauf an, daß die Vollstreckung
Des Richterspruchs ihm übertragen werde.
LEICESTER Mir!
BURLEIGH Euch. Nicht besser könnt ihr den Verdacht,
Der jetzt noch auf euch lastet, widerlegen,
Als wenn ihr sie, die ihr geliebt zu haben
Beschuldigt werdet, selbst enthaupten lasset.
ELISABETH *Leicestern mit den Augen fixierend:*
Mylord rät gut. So sei's, und dabei bleib' es.

rechtens, mit Recht

LEICESTER Mich sollte billig* meines Ranges Höh
Von einem Auftrag dieses traur'gen Inhalts
Befrein, der sich in jedem Sinne besser
Für einen Burleigh ziemen mag als mich.
Wer seiner Königin so nahe steht,
Der sollte nichts unglückliches vollbringen.
Jedoch um meinen Eifer zu bewähren,
Um meiner Königin genug zu tun,
Begeb' ich mich des Vorrechts meiner Würde
Und übernehme die verhaßte Pflicht.

ELISABETH Lord Burleigh teile sie mit euch!
Zu diesem.
Tragt Sorge,
Daß der Befehl gleich ausgefertigt werde.
Burleigh geht. Man hört draußen ein Getümmel.

Siebenter Auftritt

Graf von Kent zu den Vorigen.

ELISABETH
Was gibt's, Mylord von Kent? Was für ein Auflauf
Erregt die Stadt – Was ist es?

KENT
Königin,
Es ist das Volk, das den Palast umlagert,
Es fodert heftig dringend dich zu sehn.

ELISABETH
Was will mein Volk?

KENT
Der Schrecken geht durch London,
Dein Leben sei bedroht, es gehen Mörder
Umher, vom Papste wider dich gesendet.
Verschworen seien die Katholischen,
Die Stuart aus dem Kerker mit Gewalt

Zu reißen und zur Königin auszurufen.
Der Pöbel glaubt's und wütet. Nur das Haupt
Der Stuart, das noch heute fällt, kann ihn
Beruhigen.

ELISABETH Wie? Soll mir Zwang geschehn?

KENT Sie sind entschlossen, eher nicht zu weichen,
Bis du das Urteil unterzeichnet hast.

Achter Auftritt

Burleigh und Davison mit einer Schrift. Die Vorigen.

ELISABETH Was bringt ihr, Davison?

DAVISON *nähert sich, ernsthaft:* Du hast befohlen,
O Königin –

ELISABETH Was ist's?
Indem sie die Schrift ergreifen will, schauert sie zusammen und fährt zurück.
O Gott!

BURLEIGH Gehorche
Der Stimme des Volks, sie ist die Stimme Gottes.

ELISABETH *unentschlossen mit sich selbst kämpfend:*
O meine Lords! Wer sagt mir, ob ich wirklich
Die Stimme meines ganzen Volks, die Stimme
Der Welt vernehme! Ach wie sehr befürcht' ich,
Wenn ich dem Wunsch der Menge nun gehorcht,
Daß eine ganz verschiedne Stimme sich
Wird hören lassen – ja daß eben die,
Die jetzt gewaltsam zu der Tat mich treiben,
Mich, wenns vollbracht ist, strenge tadeln werden!

Neunter Auftritt

Graf Schrewsbury zu den Vorigen.

SCHREWSBURY *kommt in großer Bewegung:*
Man will dich übereilen, Königin!
O halte fest, sei standhaft –
Indem er Davison mit der Schrift gewahr wird.
Oder ist es
Geschehen? Ist es wirklich? Ich erblicke
Ein unglückselig Blatt in dieser Hand,
Das komme meiner Königin jetzt nicht
Vor Augen.

ELISABETH Edler Schrewsbury! Man zwingt mich.

SCHREWSBURY
Wer kann dich zwingen? Du bist Herrscherin,
Hier gilt es deine Majestät zu zeigen!
Gebiete Schweigen jenen rohen Stimmen,
Die sich erdreisten, deinem Königswillen
Zwang anzutun, dein Urteil zu regieren.
Die Furcht, ein blinder Wahn bewegt das Volk,
Du selbst bist außer dir, bist schwer gereizt,
Du bist ein Mensch und jetzt kannst du nicht richten.

BURLEIGH Gerichtet ist schon längst. Hier ist kein Urteil
Zu f ä l l e n, zu v o l l z i e h e n ist's.

KENT *der sich bei Schrewsbury's Eintritt entfernt hat, kommt zurück:*
Der Auflauf wächst, das Volk ist länger nicht
Zu bändigen.

ELISABETH *zu Schrewsbury:*
Ihr seht, wie sie mich drängen!

SCHREWSBURY Nur Aufschub fordr' ich. Dieser Federzug
Entscheidet deines Lebens Glück und Frieden.
Du hast es Jahre lang bedacht, soll dich
Der Augenblick im Sturme mit sich führen?

Nur kurzen Aufschub. Sammle dein Gemüt,
Erwarte eine ruhigere Stunde.

BURLEIGH *heftig:*
Erwarte, zögre, säume, bis das Reich
In Flammen steht, bis es der Feindin endlich
Gelingt, den Mordstreich wirklich zu vollführen.
Dreimal hat ihn ein Gott von dir entfernt.
Heut hat er n a h e dich berührt, noch einmal
Ein Wunder hoffen, hieße Gott versuchen.

SCHREWSBURY Der Gott, der dich durch seine Wunderhand
Viermal erhielt, der heut dem schwachen Arm
Des Greisen Kraft gab, einen Wütenden
Zu überwältgen – e r verdient Vertrauen!
Ich will die Stimme der Gerechtigkeit
Jetzt nicht erheben, jetzt ist nicht die Zeit,
Du kannst in diesem Sturme sie nicht hören.
Dies eine nur vernimm! Du zitterst jetzt
Vor dieser lebenden Maria. Nicht
Die Lebende hast du zu fürchten. Zittre vor
Der Toten, der Enthaupteten. Sie wird
Vom Grab' erstehen, eine Zwietrachtsgöttin,
Ein Rachegeist in deinem Reich herumgehn,
Und deines Volkes Herzen von dir wenden.
Jetzt haßt der Brite die gefürchtete,
Er wird sie r ä c h e n, wenn sie nicht mehr ist.
Nicht mehr die Feindin seines Glaubens, nur
Die Enkeltochter seiner Könige,
Des Hasses Opfer und der Eifersucht
Wird er in der bejammerten erblicken!
Schnell wirst du die Veränderung erfahren.
Durchziehe London, wenn die blut'ge Tat
Geschehen, zeige dich dem Volk, das sonst
Sich jubelnd um dich her ergoß, du wirst
Ein andres England sehn, ein andres Volk,

Denn dich umgibt nicht mehr die herrliche
Gerechtigkeit, die alle Herzen dir
Besiegte! Furcht, die schreckliche Begleitung
Der Tyrannei, wird schaudernd vor dir herziehn,
Und jede Straße, wo du gehst, veröden.
Du hast das letzte, äußerste getan,
Welch Haupt steht fest, wenn dieses heil'ge fiel!

ELISABETH Ach Schrewsbury! Ihr habt mir heut das Leben
Gerettet, habt des Mörders Dolch von mir
Gewendet – Warum ließet ihr ihm nicht
Den Lauf? So wäre jeder Streit geendigt,
Und alles Zweifels ledig, rein von Schuld,
Läg ich in meiner stillen Gruft! Fürwahr!
Ich bin des Lebens und des Herrschens müd'.
Muß eine von uns Königinnen fallen,
Damit die andre lebe – und es ist
Nicht anders, das erkenn' ich – kann denn ich
Nicht die sein, welche weicht? ⌜Mein Volk mag wählen,
Ich geb' ihm seine Majestät zurück.⌝
Gott ist mein Zeuge, daß ich nicht für mich,
Nur für das Beste meines Volks gelebt.
Hofft es von dieser schmeichlerischen Stuart,
Der jüngern Königin, glücklichere Tage,
So steig' ich gern von diesem Thron und kehre
In Woodstocks* stille Einsamkeit zurück,
Wo meine anspruchlose Jugend lebte,
Wo ich, vom Tand* der Erdengröße fern,
Die Hoheit in mir selber fand – Bin ich
Zur Herrscherin doch nicht gemacht! Der Herrscher
Muß hart sein können, und mein Herz ist weich.
Ich habe diese Insel lange glücklich
Regiert, weil ich nur brauchte zu beglücken.
Es kommt die erste schwere Königspflicht,
Und ich empfinde meine Ohnmacht –

BURLEIGH Nun bei Gott!

S. Erl. zu 55,1381

Wertloses Zeug

Wenn ich so ganz unkönigliche Worte
Aus meiner Königin Mund vernehmen muß,
So wärs Verrat an meiner Pflicht, Verrat
Am Vaterlande, länger still zu schweigen.
– Du sagst, du liebst dein Volk, mehr als dich selbst,
Das zeige jetzt! Erwähle nicht den Frieden
Für dich und überlaß das Reich den Stürmen.
– Denk an die Kirche! Soll mit dieser Stuart
Der alte Aberglaube wiederkehren?
Der Mönch aufs neu hier herrschen, der Legat* — Päpstlicher Gesandter
Aus Rom gezogen kommen, unsre Kirchen
Verschließen, unsre Könige entthronen?
– Die Seelen aller deiner Untertanen,
Ich fordre sie von dir – Wie du jetzt handelst,
Sind sie gerettet oder sind verloren.
Hier ist nicht Zeit zu weichlichem Erbarmen,
Des Volkes Wohlfahrt ist die höchste Pflicht;
Hat Schrewsbury das Leben dir gerettet,
So will ich England retten – das ist mehr!

ELISABETH Man überlasse mich mir selbst! Bei Menschen ist
Nicht Rat noch Trost in dieser großen Sache.
Ich trage sie dem höhern Richter* vor. — Gott
Was der mich lehrt, das will ich tun – Entfernt euch,
Mylords!
Zu Davison.
Ihr Sir! könnt in der Nähe bleiben!

Die Lords gehen ab. Schrewsbury allein bleibt noch einige Augenblicke vor der Königin stehen, mit bedeutungsvollem Blick, dann entfernt er sich langsam, mit einem Ausdruck des tiefsten Schmerzes.

Zehnter Auftritt

Elisabeth allein:

O Sklaverei des Volksdiensts! Schmähliche
Knechtschaft – Wie bin ichs müde, diesem Götzen
Zu schmeicheln, den mein Innerstes verachtet!
Wann soll ich frei auf diesem Throne stehn!
Die Meinung muß ich ehren, um das Lob
Der Menge buhlen, einem Pöbel muß ichs
Recht machen, dem der Gaukler nur gefällt.
O der ist noch nicht König, der der Welt
Gefallen muß! Nur der ist's, der bei seinem Tun
Nach keines Menschen Beifall braucht zu fragen.

Warum hab' ich Gerechtigkeit geübt,
Willkür gehaßt mein Leben lang, daß ich
Für diese erste unvermeidliche
Gewalttat selbst die Hände mir gefesselt!
Das Muster, das ich selber gab, verdammt mich!
War ich tyrannisch, wie die spanische
Maria war, mein Vorfahr auf dem Thron, ich könnte
Jetzt ohne Tadel Königsblut versprützen!
Doch war's denn meine eigne freie Wahl
Gerecht zu sein? Die allgewaltige
Notwendigkeit, die auch das freie Wollen
Der Könige zwingt, gebot mir diese Tugend.

Umgeben rings von Feinden hält mich nur
Die Volksgunst auf dem angefochtnen Thron.
⌜Mich zu vernichten streben alle Mächte
Des festen Landes.⌝ Unversöhnlich schleudert
Der röm'sche Papst den Bannfluch auf mein Haupt,
Mit falschem Bruderkuß verrät mich Frankreich,
Und offnen, wütenden Vertilgungskrieg
Bereitet mir der ⌜Spanier auf den Meeren⌝.
So steh' ich kämpfend gegen eine Welt,

Ein wehrlos Weib! Mit hohen Tugenden
Muß ich die Blöße* meines Rechts bedecken, Schwache Stelle
Den Flecken meiner fürstlichen Geburt,
Wodurch der eigne Vater mich geschändet.
Umsonst bedeck' ich ihn – Der Gegner Haß
Hat ihn entblößt, und stellt mir diese Stuart,
Ein ewig drohendes Gespenst, entgegen.
Nein, diese Furcht soll endigen!
Ihr Haupt soll fallen. Ich will Frieden haben!
– Sie ist die Furie meines Lebens! Mir
Ein Plagegeist vom Schicksal angeheftet.
Wo ich mir eine Freude, eine Hoffnung
Gepflanzt, da liegt die Höllenschlange mir
Im Wege. Sie entreißt mir den Geliebten,
Den Bräut'gam raubt sie mir! Maria Stuart,
Heißt jedes Unglück, das mich niederschlägt!
Ist sie aus den Lebendigen vertilgt,
Frei bin ich, wie die Luft auf den Gebirgen.
Stillschweigen.
Mit welchem Hohn sie auf mich nieder sah,
Als sollte mich der Blick zu Boden blitzen!
Ohnmächtige! Ich führe beßre Waffen,
Sie treffen tödlich und du bist nicht mehr!
Mit raschem Schritt nach dem Tische gehend und die Feder ergreifend.
Ein Bastard bin ich dir? – Unglückliche!
Ich bin es nur, so lang du lebst und atmest.
Der Zweifel meiner fürstlichen Geburt
Er ist getilgt, sobald ich dich vertilge.
Sobald dem Briten keine Wahl mehr bleibt,
Bin ich im echten Ehebett' geboren!
Sie unterschreibt mit einem raschen, festen Federzug, läßt dann die Feder fallen, und tritt mit einem Ausdruck des Schreckens zurück. Nach einer Pause klingelt sie.

Eilfter Auftritt

Elisabeth. Davison.

ELISABETH Wo sind die andern Lords?
DAVISON Sie sind gegangen,
Das aufgebrachte Volk zur Ruh zu bringen.
Das Toben war auch augenblicks gestillt,
Sobald der Graf von Schrewsbury sich zeigte.
»Der ist's, das ist er!⟨«⟩ riefen hundert Stimmen,
»Der rettete die Königin! Hört ihn!
Den bravsten Mann in England.« Nun begann
Der edle Talbot und verwies dem Volk
In sanften Worten sein gewaltsames
Beginnen, sprach so kraftvoll überzeugend,
Daß alles sich besänftigte, und still
Vom Platze schlich.
ELISABETH Die wankelmütge Menge,
Die jeder Wind herumtreibt! Wehe dem,
Der auf dies Rohr sich lehnet! – Es ist gut,
Sir Davison. Ihr könnt nun wieder gehn.
Wie sich jener nach der Türe gewendet.
Und dieses Blatt – Nehmt es zurück – Ich leg's
In eure Hände.
DAVISON *wirft einen Blick in das Papier und erschrickt:*
Königin! Dein Name!
Du hast entschieden?
ELISABETH – Unterschreiben sollt' ich.
Ich hab's getan. Ein Blatt Papier entscheidet
Noch nicht, ein Name tötet nicht.
DAVISON Dein Name Königin, unter dieser Schrift
Entscheidet alles, tötet, ist ein Strahl
Des Donners, der geflügelt trifft – Dies Blatt
Befiehlt den Kommissarien, dem Sheriff,
Nach Fotheringhayschloß sich steh'nden Fußes

Zur Königin von Schottland zu verfügen,
Den Tod ihr anzukündigen, und schnell,
Sobald der Morgen tagt, ihn zu vollziehn.
Hier ist kein Aufschub, jene hat gelebt,
Wenn ich dies Blatt aus meinen Händen gebe.
ELISABETH Ja, Sir! Gott legt ein wichtig groß Geschick
In eure schwachen Hände. Fleht ihn an,
Daß er mit seiner Weisheit euch erleuchte.
Ich geh' und überlaß euch eurer Pflicht.
Sie will gehen.
DAVISON *tritt ihr in den Weg:*
Nein, meine Königin! Verlaß mich nicht,
Eh' du mir deinen Willen kund getan.
Bedarf es hier noch einer andern Weisheit,
Als dein Gebot buchstäblich zu befolgen?
– Du legst dies Blatt in meine Hand, daß ich
Zu schleuniger Vollziehung es befördre?
ELISABETH Das werdet ihr nach eurer Klugheit –
DAVISON *schnell und erschrocken einfallend:* Nicht
Nach meiner! Das verhüte Gott! Gehorsam
Ist meine ganze Klugheit. Deinem Diener
Darf hier nichts zu entscheiden übrig bleiben.
Ein klein Versehn wär hier ein Königsmord,
Ein unabsehbar, ungeheures Unglück.
Vergönne mir, in dieser großen Sache
Dein blindes Werkzeug willenlos zu sein.
In klare Worte fasse deine Meinung,
Was soll mit diesem Blutbefehl geschehn?
ELISABETH – Sein Name spricht es aus.
DAVISON So willst du, daß er gleich vollzogen werde?
ELISABETH *zögernd:*
Das sag' ich nicht, und zittre, es zu denken.
DAVISON Du willst, daß ich ihn länger noch bewahre?
ELISABETH *schnell:*
Auf eure Gefahr! Ihr haftet für die Folgen.

DAVISON

Ich? Heil'ger Gott! – Sprich, Königin! Was willst du?

ELISABETH *ungeduldig:*

Ich will, daß dieser unglücksel'gen Sache
Nicht mehr gedacht soll werden, daß ich endlich
Will Ruhe davor haben und auf ewig.

DAVISON Es kostet dir ein einzig Wort. O sage,
Bestimme, was mit dieser Schrift soll werden!

ELISABETH

Ich hab's gesagt, und quält mich nun nicht weiter.

DAVISON Du hättest es gesagt? Du hast mir nichts
Gesagt – O, es gefalle meiner Königin,
Sich zu erinnern.

ELISABETH *stampft auf den Boden:*

Unerträglich!

DAVISON Habe Nachsicht

Monaten — Mit mir! Ich kam seit wenig Monden* erst
In dieses Amt! Ich kenne nicht die Sprache
Der Höfe und der Könige – in schlicht
Einfacher Sitte bin ich aufgewachsen.
Drum habe du Geduld mit deinem Knecht!
Laß dich das Wort nicht reun, das mich belehrt,
Mich klar macht über meine Pflicht –

Er nähert sich ihr in flehender Stellung sie kehrt ihm den Rücken zu, er steht in Verzweiflung, dann spricht er mit entschloßnem Ton.

Nimm dies Papier zurück! Nimm es zurück!
Es wird mir glühend Feuer in den Händen.
Nicht mich erwähle, dir in diesem furchtbaren
Geschäft zu dienen.

ELISABETH Tut, was eures Amts ist.

Sie geht ab.

Zwölfter Auftritt

Davison, gleich darauf Burleigh.

DAVISON Sie geht! Sie läßt mich ratlos, zweifelnd stehn
Mit diesem fürchterlichen Blatt – Was tu' ich?
Soll ichs bewahren? Soll ichs übergeben?
Zu Burleigh, der hereintritt.
O gut! gut, daß ihr kommt, Mylord! Ihr seids,
Der mich in dieses Staatsamt eingeführt!
Befreiet mich davon. Ich übernahm es,
Unkundig seiner Rechenschaft! Laßt mich
Zurückgehn in die Dunkelheit, wo ihr
Mich fandet, ich gehöre nicht auf diesen Platz –

BURLEIGH Was ist euch, Sir? Faßt euch. Wo ist das Urteil?
Die Königin ließ euch rufen.

DAVISON Sie verließ mich
In heft'gem Zorn. O ratet mir! Helft mir!
Reißt mich aus dieser Höllenangst des Zweifels.
Hier ist das Urteil – Es ist unterschrieben.

BURLEIGH *hastig:*
Ist es? O gebt! Gebt her!

DAVISON Ich darf nicht.

BURLEIGH Was?

DAVISON Sie hat mir ihren Willen noch nicht deutlich –

BURLEIGH Nicht deutlich! Sie hat unterschrieben. Gebt!

DAVISON Ich solls vollziehen lassen – soll es nicht
Vollziehen lassen – Gott! Weiß ich, was ich soll.

BURLEIGH *heftiger dringend:*
Gleich, augenblicks sollt ihrs vollziehen lassen.
Gebt her! Ihr seid verloren, wenn ihr säumt.

DAVISON Ich bin verloren, wenn ichs übereile.

BURLEIGH Ihr seid ein Tor, ihr seid von Sinnen! Gebt!
Er entreißt ihm die Schrift, und eilt damit ab.

DAVISON *ihm nacheilend:*
Was macht ihr? Bleibt! Ihr stürzt mich ins Verderben.

Fünfter Aufzug

Die Szene ist das Zimmer des ersten Aufzugs

Erster Auftritt

Hanna Kennedy in tiefe Trauer gekleidet, mit verweinten Augen und einem großen, aber stillen Schmerz, ist beschäftigt, Pakete und Briefe zu versiegeln. Oft unterbricht sie der Jammer in ihrem Geschäft, und man sieht sie dazwischen still beten. Paulet und Drury, gleichfalls in schwarzen Kleidern, treten ein, ihnen folgen viele Bediente, welche goldne und silberne Gefäße, Spiegel, Gemälde und andere Kostbarkeiten tragen, und den Hintergrund des Zimmers damit anfüllen. Paulet überliefert der Amme ein Schmuckkästchen nebst einem Papier, und bedeutet ihr durch Zeichen, daß es ein Verzeichnis der gebrachten Dinge enthalte. Beim Anblick dieser Reichtümer erneuert sich der Schmerz der Amme, sie versinkt in ein tiefes Trauern, indem jene sich still wieder entfernen. Melvil tritt ein.

KENNEDY *schreit auf sobald sie ihn gewahr wird:*
Melvil! Ihr seid es! Euch erblick ich wieder!
MELVIL Ja, treue Kennedy, wir sehn uns wieder!
KENNEDY Nach langer, langer, schmerzenvoller
Trennung!
MELVIL Ein unglückselig schmerzvoll Wiedersehn!
KENNEDY O Gott! Ihr kommt –
MELVIL Den letzten, ewigen
Abschied von meiner Königin zu nehmen.
KENNEDY Jetzt endlich, jetzt am Morgen ihres Todes,
Wird ihr die langentbehrte Gegenwart

Der Ihrigen vergönnt – O teurer Sir,
Ich will nicht fragen, wie es euch erging,
Euch nicht die Leiden nennen, die wir litten,
⌜Seitdem man euch von unsrer Seite riß⌝,
Ach, dazu wird wohl einst die Stunde kommen!
O Melvil! Melvil! Mußten wirs erleben,
Den Anbruch dieses Tags zu sehn!

MELVIL Laßt uns
Einander nicht erweichen! Weinen will ich,
So lang noch Leben in mir ist, nie soll
Ein Lächeln diese Wangen mehr erheitern,
Nie will ich dieses nächtliche Gewand
Mehr von mir legen! Ewig will ich trauern,
Doch heute will ich standhaft sein – Versprecht
Auch ihr mir, euren Schmerz zu mäßigen –
Und wenn die andern alle der Verzweiflung
Sich trostlos überlassen, lasset *uns*
Mit männlich edler Fassung ihr vorangehn
Und ihr ein Stab sein auf dem Todesweg!

KENNEDY Melvil! Ihr seid im Irrtum, wenn ihr glaubt,
Die Königin bedürfe unsers Beistands,
Um standhaft in den Tod zu gehn! Sie selber ists,
Die uns das Beispiel edler Fassung gibt.
Seid ohne Furcht! Maria Stuart wird
Als eine Königin und Heldin sterben.

MELVIL Nahm sie die Todespost mit Fassung auf?
Man sagt, daß sie nicht vorbereitet war.

KENNEDY
Das war sie nicht. Ganz andre Schrecken warens,
Die meine Lady ängstigten. Nicht vor dem Tod,
Vor dem Befreier zitterte Maria.
– Freiheit war uns verheißen. Diese Nacht
Versprach uns Mortimer von hier wegzuführen,
Und zwischen Furcht und Hoffnung, zweifelhaft,
Ob sie dem kecken Jüngling ihre Ehre

Und fürstliche Person vertrauen dürfe,
Erwartete die Königin den Morgen.
– Da wird ein Auflauf in dem Schloß, ein Pochen
Schreckt unser Ohr, und vieler Hämmer Schlag,
Wir glauben, die Befreier zu vernehmen,
Die Hoffnung winkt, der süße Trieb des Lebens
Wacht unwillkürlich, allgewaltig auf –
Da öffnet sich die Tür – Sir Paulet ists,
Der uns verkündigt – daß – die Zimmerer
Zu unsern Füßen das Gerüst aufschlagen!
Sie wendet sich ab, von heftigem Schmerz ergriffen.

MELVIL Gerechter Gott! O sagt mir! Wie ertrug
Maria diesen fürchterlichen Wechsel?

KENNEDY *nach einer Pause, worin sie sich wieder etwas gefaßt hat:*
Man lös't sich nicht allmählig von dem Leben!
Mit Einem Mal, schnell augenblicklich muß
Der Tausch geschehen zwischen Zeitlichem
Und Ewigem, und Gott gewährte meiner Lady
In diesem Augenblick, der Erde Hoffnung
Zurück zu stoßen mit entschloßner Seele,
Und glaubenvoll den Himmel zu ergreifen.
Kein Merkmal bleicher Furcht, kein Wort der Klage
Entehrte meine Königin – Dann erst,
Als sie Lord Lesters schändlichen Verrat
Vernahm, das unglückselige Geschick
Des werten Jünglings, der sich ihr geopfert,
Des alten Ritters tiefen Jammer sah,
Dem seine letzte Hoffnung starb durch sie,
Da flossen ihre Tränen, nicht das eigne Schicksal,
Der fremde Jammer preßte sie ihr ab.

MELVIL Wo ist sie jetzt? Könnt ihr mich zu ihr bringen?

KENNEDY Den Rest der Nacht durchwachte sie mit Beten,
Nahm von den teuern Freunden schriftlich Abschied,
Und schrieb ihr Testament mit eigner Hand.

Jetzt pflegt sie einen Augenblick der Ruh,
Der letzte Schlaf erquickt sie.
MELVIL Wer ist bei ihr?
KENNEDY Ihr Leibarzt Burgoyn, und ihre Frauen.

Zweiter Auftritt

Margaretha Kurl zu den Vorigen.

KENNEDY Was bringt ihr, Mistreß? Ist die Lady wach?
KURL *ihre Tränen trocknend:*
Schon angekleidet – Sie verlangt nach euch.
KENNEDY Ich komme.
Zu Melvil, der sie begleiten will.
Folgt mir nicht, bis ich die Lady
Auf euren Anblick vorbereitet.
Geht hinein.
KURL Melvil!
Der alte Haushofmeister!
MELVIL Ja, der bin ich!
KURL O dieses Haus braucht keines Meisters mehr!
– Melvil! Ihr kommt von London, wißt ihr mir
Von meinem Manne nichts zu sagen?
MELVIL Er wird auf freien Fuß gesetzt, sagt man,
Sobald –
KURL Sobald die Königin nicht mehr ist!
O der nichtswürdig schändliche Verräter!
Er ist der Mörder dieser teuren Lady,
Sein Zeugnis, sagt man, habe sie verurteilt.
MELVIL So ists.
KURL O seine Seele sei verflucht
Bis in die Hölle! Er hat falsch gezeugt –
MELVIL Mylady Kurl! Bedenket eure Reden.

KURL Beschwören will ichs vor Gerichtes Schranken,
Ich will es ihm ins Antlitz wiederholen,
Die ganze Welt will ich damit erfüllen.
Sie stirbt unschuldig –
MELVIL O das gebe Gott!

Dritter Auftritt

Burgoyn zu den Vorigen. Hernach Hanna Kennedy.

BURGOYN *erblickt Melvil:*
O Melvil!
MELVIL *ihn umarmend:*
Burgoyn!
BURGOYN *Zu Margaretha Kurl:*
Besorget einen Becher
Mit Wein für unsre Lady. Machet hurtig.
Kurl geht ab.
MELVIL Wie? Ist der Königin nicht wohl?
BURGOYN
Sie fühlt sich stark, sie täuscht ihr Heldenmut.
Und keiner Speise glaubt sie zu bedürfen,
Doch ihrer wartet noch ein schwerer Kampf,
Und ihre Feinde sollen sich nicht rühmen,
Daß Furcht des Todes ihre Wangen bleichte,
Wenn die Natur aus Schwachheit unterliegt.
MELVIL *zur Amme, die hereintritt:*
Will sie mich sehn?
KENNEDY Gleich wird sie selbst hier sein.
– Ihr scheint euch mit Verwundrung umzusehn,
Und eure Blicke fragen mich: was soll
Das Prachtgerät in diesem Ort des Todes?
– O Sir! Wir litten Mangel, da wir lebten,
Erst mit dem Tode kommt der Überfluß zurück.

Vierter Auftritt

Vorige. Zwei andre Kammerfrauen der Maria, gleichfalls in Trauerkleidern. Sie brechen bei Melvils Anblick in laute Tränen aus.

MELVIL Was für ein Anblick! Welch ein Wiedersehn!
Gertrude! Rosamund!
ZWEITE KAMMERFRAU Sie hat uns von sich
Geschickt! Sie will zum letztenmal allein
Mit Gott sich unterhalten!
Es kommen noch zwei weibliche Bediente, wie die vorigen in Trauer, die mit stummen Gebärden ihren Jammer ausdrücken.

Fünfter Auftritt

Margaretha Kurl zu den Vorigen. Sie trägt einen goldnen Becher mit Wein, und setzt ihn auf den Tisch, indem sie sich bleich und zitternd an einen Stuhl hält.

MELVIL Was ist euch, Mistreß? Was entsetzt euch so?
KURL O Gott!
BURGOYN Was habt ihr?
KURL Was mußt' ich erblicken!
MELVIL Kommt zu euch! Sagt uns, was es ist.
KURL Als ich
Mit diesem Becher Wein die große Treppe
Herauf stieg, die zur untern Halle führt,
Da tat die Tür sich auf – ich sah hinein –
Ich sah – o Gott!
MELVIL Was saht ihr? Fasset euch!
KURL Schwarz überzogen waren alle Wände,

Ein groß Gerüst, mit schwarzem Tuch beschlagen,
Erhob sich von dem Boden, mitten drauf
Ein schwarzer Block, ein Kissen, und daneben
Ein blankgeschliffnes Beil – Voll Menschen war
Der Saal, die um das Mordgerüst sich drängten,
Und heiße Blutgier in dem Blick, das Opfer
Erwarteten.

DIE KAMMERFRAUEN
O Gott sei unsrer Lady gnädig!

MELVIL Faßt euch! Sie kommt!

Sechster Auftritt

Die Vorigen. Maria. Sie ist weiß und festlich gekleidet, am Halse trägt sie an einer Kette von kleinen Kugeln ein ⌜Agnus Dei⌝, ein Rosenkranz hängt am Gürtel herab, sie hat ein Kruzifix in der Hand, und ein Diadem in den Haaren, ihr großer schwarzer Schleier ist zurück geschlagen. Bei ihrem Eintritt weichen die Anwesenden zu beiden Seiten zurück, und drücken den heftigsten Schmerz aus. Melvil ist mit einer unwillkürlichen Bewegung auf die Knie gesunken.

MARIA *mit ruhiger Hoheit im ganzen Kreise herumsehend:*
Was klagt ihr? Warum weint ihr? Freuen solltet
Ihr euch mit mir, daß meiner Leiden Ziel
Nun endlich naht, daß meine Bande fallen,
Mein Kerker aufgeht, und die frohe Seele sich
Auf Engelsflügeln schwingt zur ew'gen Freiheit.
Da, als ich in die Macht der stolzen Feindin
Gegeben war, Unwürdiges erduldend,
Was einer freien großen Königin
Nicht ziemt, da war es Zeit, um mich zu weinen!

– Wohltätig, heilend, nahet mir der Tod,
Der ernste Freund! Mit seinen schwarzen Flügeln
Bedeckt er meine Schmach – den Menschen adelt,
Den tiefstgesunkenen, das letzte Schicksal.
Die Krone fühl ich wieder auf dem Haupt,
Den würd'gen Stolz in meiner edeln Seele!
Indem sie einige Schritte weiter vortritt.
Wie? Melvil hier? – Nicht also, edler Sir!
Steht auf! Ihr seid zu eurer Königin
Triumph, zu ihrem Tode nicht gekommen.
Mir wird ein Glück zuteil, wie ich es nimmer
Gehoffet, daß mein Nachruhm doch nicht ganz
In meiner Feinde Händen ist, daß doch
Ein Freund mir, ein Bekenner meines Glaubens
Als Zeuge dasteht in der Todesstunde.
– Sagt, edler Ritter! Wie erging es euch,
In diesem feindlichen, unholden Lande,
Seitdem man euch von meiner Seite riß?
Die Sorg' um euch hat oft mein Herz bekümmert.
MELVIL Mich drückte sonst kein Mangel, als der Schmerz
Um dich, und meine Ohnmacht, dir zu dienen!
MARIA Wie stehts um ⌜Didier⌝, meinen alten Kämmrer?
Doch der getreue schläft wohl lange schon
Den ew'gen Schlaf, denn er war hoch an Jahren.
MELVIL Gott hat ihm diese Gnade nicht erzeigt,
Er lebt, um deine Jugend zu begraben.
MARIA Daß mir vor meinem Tode noch das Glück
Geworden wäre, ein geliebtes Haupt
Der teuern Blutsverwandten zu umfassen!
Doch ich soll sterben unter Fremdlingen,
Nur eure Tränen soll ich fließen sehn!
– Melvil, die letzten Wünsche für die Meinen
Leg' ich in eure treue Brust – Ich segne
Den allerchristlichsten König, meinen Schwager,
Und Frankreichs ganzes königliches Haus –

Oheim, Onkel

Ich segne meinen Öhm*, den Kardinal,
Und Heinrich Guise, meinen edlen Vetter.
Ich segne auch den Papst, den heiligen
Statthalter Christi, der mich wieder segnet,
Und den katholschen König, der sich edelmütig
Zu meinem Retter, meinem Rächer anbot –
Sie alle stehn in meinem Testament,
Sie werden die Geschenke meiner Liebe,
Wie arm sie sind, darum gering nicht achten.
Sich zu ihren Dienern wendend.
Euch hab' ich meinem königlichen Bruder
Von Frankreich anempfohlen, er wird sorgen
Für euch, ein neues Vaterland euch geben.
Und ist euch meine letzte Bitte wert,
Bleibt nicht in England, daß der Brite nicht
Sein stolzes Herz an eurem Unglück weide,
Nicht die im Staube seh', die mir gedient.
Bei diesem Bildnis des Gekreuzigten
Gelobet mir, dies unglückselge Land
Alsbald, wenn ich dahin bin, zu verlassen!

MELVIL *berührt das Kruzifix:*
Ich schwöre dir's, im Namen dieser aller.

MARIA Was ich, die arme, die beraubte, noch besaß,
Worüber mir vergönnt ist frei zu schalten,
Das hab' ich unter euch verteilt, man wird,
Ich hoff' es, meinen letzten Willen ehren.
Auch was ich auf dem Todeswege trage,
Gehöret euch – Vergönnet mir noch einmal
Der Erde Glanz auf meinem Weg zum Himmel!
Zu den Fräulein.
Dir, meine Alix, Gertrud, Rosamund,
Bestimm' ich meine Perlen, meine Kleider,
Denn eure Jugend freut sich noch des Putzes.
Du, Margaretha, hast das nächste Recht
An meine Großmut, denn ich lasse dich

Zurück als die Unglücklichste von allen.
Daß ich des Gatten Schuld an dir nicht räche,
Wird mein Vermächtnis offenbaren – Dich,
O meine treue Hanna, reizet nicht
Der Wert des Goldes, nicht der Steine Pracht,
Dir ist das höchste Kleinod mein Gedächtnis.
Nimm dieses Tuch! Ich habs mit eigner Hand
Für dich gestickt in meines Kummers Stunden,
Und meine heißen Tränen eingewoben.
Mit diesem Tuch wirst du die Augen mir verbinden,
Wenn es so weit ist – diesen letzten Dienst
Wünsch' ich von meiner Hanna zu empfangen.

KENNEDY O Melvil! Ich ertrag' es nicht!

MARIA Kommt alle!
Kommt und empfangt mein letztes Lebwohl.
Sie reicht ihre Hände hin, eins nach dem andern fällt ihr zu Füßen und küßt die dargebotne Hand unter heftigem Weinen.
Leb' wohl, Margretha – Alix, lebe wohl –
Dank Burgoyn, für eure treuen Dienste –
Dein Mund brennt heiß, Gertrude – Ich bin viel
Gehasset worden, doch auch viel geliebt!
Ein edler Mann beglücke meine Gertrud,
Denn Liebe fodert dieses glühnde Herz –
Bertha! Du hast das beßre Teil erwählt,
Die keusche Braut* des Himmels willst du werden! Nonne
O eile, dein Gelübde zu vollziehn!
Betrüglich sind die Güter dieser Erden,
Das lern' an deiner Königin! – Nichts weiter!
Lebt wohl! Lebt wohl! Lebt ewig wohl!
Sie wendet sich schnell von ihnen, alle, bis auf Melvil, entfernen sich.

Siebenter Auftritt

Maria. Melvil.

MARIA Ich habe alles Zeitliche berichtigt,
Und hoffe keines Menschen Schuldnerin
Aus dieser Welt zu scheiden – Eins nur ists,
Melvil, was der beklemmten Seele noch
Verwehrt, sich frei und freudig zu erheben.
MELVIL Entdecke mirs. Erleichtre deine Brust,
Dem treuen Freund vertraue deine Sorgen.
MARIA Ich stehe an dem Rand der Ewigkeit,
Bald soll ich treten vor den höchsten Richter,
Und noch hab' ich den Heil'gen nicht versöhnt.
Versagt ist mir der Priester meiner Kirche.
Des Sakramentes heil'ge Himmelspeise
Verschmäh' ich aus den Händen falscher Priester.
Im Glauben meiner Kirche will ich sterben,
Denn der allein ists, welcher selig macht.
MELVIL Beruhige dein Herz. Dem Himmel gilt
Der feurig fromme Wunsch statt des Vollbringens.
Tyrannenmacht kann nur die Hände fesseln,
Des Herzens Andacht hebt sich frei zu Gott,
Das Wort ist tot, der Glaube macht lebendig.
MARIA Ach Melvil! Nicht allein genug ist sich
Das Herz, ein irdisch Pfand bedarf der Glaube,
Das hohe Himmlische sich zuzueignen.
Drum ward der Gott zum Menschen, und verschloß
Die unsichtbaren himmlischen Geschenke
Geheimnisvoll in einem sichtbarn Leib.
– Die Kirche ists, die heilige, die hohe,
Die zu dem Himmel uns die Leiter baut,
Die ⌜allgemeine, die kathol'sche⌝ heißt sie,
Denn nur der Glaube aller stärkt den Glauben,
Wo tausende anbeten und verehren,

Da wird die Glut zur Flamme, und beflügelt
Schwingt sich der Geist in alle Himmel auf.
– Ach die Beglückten, die das froh geteilte
Gebet versammelt in dem Haus des Herrn!
Geschmückt ist der Altar, die Kerzen leuchten,
Die Glocke tönt, der Weihrauch ist gestreut,
Der Bischof steht im reinen Meßgewand,
Er faßt den Kelch, er segnet ihn, er kündet
⌜Das hohe Wunder⌝ der Verwandlung an,
Und niederstürzt dem gegenwärt'gen Gotte
Das gläubig überzeugte Volk – Ach! Ich
Allein bin ausgeschlossen, nicht zu mir
In meinen Kerker dringt der Himmelsegen.
MELVIL Er dringt zu dir! Er ist dir nah! Vertraue
Dem Allvermögenden – der dürre Stab
Kann Zweige treiben in des Glaubens Hand!
Und der die Quelle aus dem Felsen schlug,
Kann dir im Kerker den Altar bereiten,
Kann *diesen* Kelch, die irdische Erquickung,
Dir schnell in eine himmlische verwandeln.
Er ergreift den Kelch, der auf dem Tische steht.
MARIA Melvil! Versteh ich euch? Ja! Ich versteh euch!
Hier ist kein Priester, keine Kirche, kein
Hochwürdiges – Doch der Erlöser spricht:
Wo zwei versammelt sind in meinem Namen,
Da bin ich gegenwärtig unter ihnen.
Was weiht den Priester ein zum Mund des Herrn?
Das reine Herz, der unbefleckte Wandel.
– So seid *ihr* mir, auch ungeweiht, ein Priester,
Ein Bote Gottes, der mir Frieden bringt.
– Euch will ich meine letzte Beichte tun,
Und euer Mund soll mir das Heil verkünden.
MELVIL Wenn dich das Herz so mächtig dazu treibt,
So wisse, Königin, daß dir zum Troste
Gott auch ein Wunder wohl verrichten kann.

Hier sei kein Priester, sagst du, keine Kirche,
Kein Leib des Herrn? – Du irrest dich. Hier i s t
Ein Priester, und ein Gott ist hier zugegen.
Er entblößt bei diesen Worten das Haupt, zugleich zeigt er ihr eine Hostie in einer goldenen Schale.
– Ich bin ein Priester, deine letzte Beichte
Zu hören, dir auf deinem Todesweg
Den Frieden zu verkündigen, hab' ich
Die ⌜sieben Weihn⌝ auf meinem Haupt empfangen,
Und diese Hostie überbring ich dir
Vom heil'gen Vater, die er selbst geweihet.
MARIA O so muß an der Schwelle selbst des Todes
Mir noch ein himmlisch Glück bereitet sein!
Wie ein Unsterblicher auf goldnen Wolken
Herniederfährt, wie den Apostel einst
Der Engel führte aus des Kerkers Banden,
Ihn hält kein Riegel, keines Hüters Schwert,
Er schreitet mächtig durch verschloßne Pforten,
Und im Gefängnis steht er glänzend da,
So überrascht mich hier der Himmelsbote,
Da jeder ird'sche Retter mich getäuscht!
– Und ihr, m e i n Diener einst, seid jetzt der Diener
Des höchsten Gottes, und sein heil'ger Mund!
Wie eure Knie sonst vor mir sich beugten,
So lieg ich jetzt im Staub vor euch.
Sie sinkt vor ihm nieder.
MELVIL *indem er das Zeichen des Kreuzes über sie macht:*
Im Namen
Des Vaters und des Sohnes und des Geistes!
Maria, Königin! Hast du dein Herz
Erforschet, schwörst du, und gelobest du
Wahrheit zu beichten vor dem Gott der Wahrheit?
MARIA Mein Herz liegt offen da vor dir und ihm.
MELVIL Sprich, welcher Sünde zeiht dich dein Gewissen,
Seitdem du Gott zum letztenmal versöhnt?

MARIA Von neid'schem Hasse war mein Herz erfüllt,
Und Rachgedanken tobten in dem Busen.
Vergebung hofft ich Sünderin von Gott,
Und konnte nicht der Gegnerin vergeben.
MELVIL Bereuest du die Schuld, und ists dein ernster
Entschluß, versöhnt aus dieser Welt zu scheiden?
MARIA So wahr ich hoffe, daß mir Gott vergebe.
MELVIL Welch andrer Sünde klagt das Herz dich an?
MARIA Ach, nicht durch Haß allein, durch sünd'ge Liebe
Noch mehr hab' ich das höchste Gut beleidigt.
Das eitle Herz ward zu dem Mann gezogen,
Der treulos mich verlassen und betrogen!
MELVIL Bereuest du die Schuld, und hat dein Herz
Vom eiteln Abgott sich zu Gott gewendet?
MARIA Es war der schwerste Kampf, den ich bestand,
Zerrissen ist das letzte ird'sche Band.
MELVIL Welch andrer Schuld verklagt dich dein Gewissen?
MARIA Ach, eine frühe Blutschuld, längst gebeichtet,
Sie kehrt zurück mit neuer Schreckenskraft,
Im Augenblick der letzten Rechenschaft,
Und wälzt sich schwarz mir vor des Himmels Pforten.
Den König, meinen Gatten, ließ ich morden,
Und dem Verführer schenkt' ich Herz und Hand!
Streng büßt' ichs ab mit allen Kirchenstrafen,
Doch in der Seele will der Wurm nicht schlafen.
MELVIL Verklagt das Herz dich keiner andern Sünde,
Die du noch nicht gebeichtet und gebüßt?
MARIA Jetzt weißt du alles, was mein Herz belastet.
MELVIL Denk an die Nähe des Allwissenden!
Der Strafen denke, die die heilge Kirche
Der mangelhaften Beichte droht! Das ist
Die Sünde zu dem ew'gen Tod, denn das
Ist wider seinen heilgen Geist gefrevelt!
MARIA So schenke mir die ew'ge Gnade Sieg
Im letzten Kampf, als ich dir wissend nichts verschwieg.

MELVIL Wie? deinem Gott verhehlst du das Verbrechen,
Um dessentwillen dich die Menschen strafen?
Du sagst mir nichts von deinem blutgen Anteil
An Babingtons und Parrys Hochverrat?
Den zeitlichen Tod stirbst du für diese Tat,
Willst du auch noch den ew'gen dafür sterben?
MARIA Ich bin bereit zur Ewigkeit zu gehn,
Noch eh sich der Minutenzeiger wendet,
Werd' ich vor meines Richters Throne stehn,
Doch wiederhol' ichs, meine Beichte ist vollendet.
MELVIL Erwäg' es wohl. Das Herz ist ein Betrüger.
Du hast vielleicht mit list'gem Doppelsinn
Das Wort vermieden, das dich schuldig macht,
Obgleich der Wille das Verbrechen teilte.
Doch wisse, keine Gaukelkunst berückt
Das Flammenauge, das ins Innre blickt!
MARIA Ich habe alle Fürsten aufgeboten,
Mich aus unwürd'gen Banden zu befrein,
Doch nie hab' ich durch Vorsatz oder Tat
Das Leben meiner Feindin angetastet!
MELVIL So hätten deine Schreiber falsch gezeugt?
MARIA Wie ich gesagt, so ists. Was jene zeugten,
Das richte Gott!
MELVIL So steigst du, überzeugt
Von deiner Unschuld, auf das Blutgerüste?
MARIA Gott würdigt mich, durch diesen unverdienten Tod
Die frühe schwere Blutschuld abzubüßen.
MELVIL *macht den Segen über sie:*
So gehe hin, und sterbend büße sie!
Sink' ein ergebnes Opfer am Altare,
Blut kann versöhnen, was das Blut verbrach,
Du fehltest nur aus weiblichem Gebrechen,
Dem sel'gen Geiste folgen nicht die Schwächen
Der Sterblichkeit in die Verklärung nach.
Ich aber künde dir, kraft der Gewalt,

Die mir verliehen ist, zu lösen und zu binden,
Erlassung an von allen deinen Sünden!
Wie du geglaubet, so geschehe dir!
Er reicht ihr die Hostie.
Nimm hin den Leib, er ist für dich geopfert!
Er ergreift den Kelch, der auf dem Tische steht, konsekriert ihn mit stillem Gebet, dann reicht er ihr denselben. Sie zögert, ihn anzunehmen, und weis't ihn mit der Hand zurück.* weiht
Nimm hin das Blut, es ist für dich vergossen!
Nimm hin! Der Papst erzeigt dir diese Gunst!
Im Tode noch sollst du das ⌜höchste Recht
Der Könige⌝, das priesterliche, üben!
Sie empfängt den Kelch.
Und wie du jetzt dich in dem ird'schen Leib
Geheimnisvoll mit deinem Gott verbunden,
So wirst du dort in seinem Freudenreich,
Wo keine Schuld mehr sein wird, und kein Weinen,
Ein schön verklärter Engel, dich
Auf ewig mit dem Göttlichen vereinen.
Er setzt den Kelch nieder. Auf ein Geräusch, das gehört wird, bedeckt er sich das Haupt, und geht an die Türe, Maria bleibt in stiller Andacht auf den Knien liegen.

MELVIL *zurückkommend:*
Dir bleibt ein harter Kampf noch zu bestehn.
Fühlst du dich stark genug, um jede Regung
Der Bitterkeit, des Hasses zu besiegen?

MARIA Ich fürchte keinen Rückfall. Meinen Haß
Und meine Liebe hab' ich Gott geopfert.

MELVIL Nun so bereite dich, die Lords von Lester
Und Burleigh zu empfangen. Sie sind da.

Achter Auftritt

Die Vorigen. Burleigh. Leicester und Paulet. Leicester bleibt ganz in der Entfernung stehen, ohne die Augen aufzuschlagen. Burleigh, der seine Fassung beobachtet, tritt zwischen ihn und die Königin.

BURLEIGH Ich komme, Lady Stuart, eure letzten
Befehle zu empfangen.
MARIA Dank, Mylord!
BURLEIGH Es ist der Wille meiner Königin,
Daß euch nichts billiges verweigert werde.
MARIA Mein Testament nennt meine letzten Wünsche.
Ich habs in Ritter Paulets Hand gelegt,
Und bitte, daß es treu vollzogen werde.
PAULET Verlaßt euch drauf.
MARIA Ich bitte, meine Diener ungekränkt
Nach Schottland zu entlassen, oder Frankreich,
Wohin sie selber wünschen und begehren.
BURLEIGH
Es sei, wie ihr es wünscht.
MARIA Und weil mein Leichnam
Nicht in geweihter Erde ruhen soll,
So dulde man, daß dieser treue Diener
Mein Herz nach Frankreich bringe zu den Meinen.
– Ach! Es war immer dort!
BURLEIGH Es soll geschehn!
Habt ihr noch sonst –
MARIA Der Königin von England
Bringt meinen schwesterlichen Gruß – Sagt ihr,
Daß ich ihr meinen Tod von ganzem Herzen
Vergebe, meine Heftigkeit von gestern
Ihr reuevoll abbitte – Gott erhalte sie,
Und schenk' ihr eine glückliche Regierung!

BURLEIGH
Sprecht! Habt ihr noch nicht bessern Rat erwählt?
Verschmäht ihr noch den Beistand des Dechanten?
MARIA Ich bin mit meinem Gott versöhnt – Sir Paulet!
Ich hab euch schuldlos vieles Weh bereitet,
Des Alters Stütze euch geraubt – O laßt
Mich hoffen, daß ihr meiner nicht mit Haß
Gedenket –
PAULET *gibt ihr die Hand:*
Gott sei mit euch! Gehet hin im Frieden!

Neunter Auftritt

Die Vorigen. Hanna Kennedy und die andern Frauen der Königin dringen herein mit Zeichen des Entsetzens, ihnen folgt der Sheriff, einen weißen Stab in der Hand, hinter demselben sieht man durch die offen bleibende Türe gewaffnete Männer.

MARIA Was ist dir, Hanna? – Ja, nun ist es Zeit!
Hier kommt der Sheriff, uns zum Tod zu führen.
Es muß geschieden sein! Lebt wohl! lebt wohl!
Ihre Frauen hängen sich an sie mit heftigem Schmerz; zu Melvil.
Ihr, werter Sir, und meine treue Hanna,
Sollt mich auf diesem letzten Gang begleiten.
Mylord versagt mir diese Wohltat nicht!
BURLEIGH Ich habe dazu keine Vollmacht.
MARIA Wie?
Die kleine Bitte könntet ihr mir weigern?
Habt Achtung gegen mein Geschlecht! Wer soll
Den letzten Dienst mir leisten! Nimmermehr
Kann es der Wille meiner Schwester sein,

Daß mein Geschlecht in mir beleidigt werde,
Der Männer rohe Hände mich berühren!
BURLEIGH Es darf kein Weib die Stufen des Gerüstes
Mit euch besteigen – Ihr Geschrei und Jammern –
MARIA Sie soll nicht jammern! Ich verbürge mich
Für die gefaßte Seele meiner Hanna!
Seid gütig, Lord. O trennt mich nicht im Sterben
Von meiner treuen Pflegerin und Amme!
Sie trug auf ihren Armen mich ins Leben,
Sie leite mich mit sanfter Hand zum Tod.
PAULET *zu Burleigh:*
Laßt es geschehn.
BURLEIGH Es sei.
MARIA Nun hab' ich nichts mehr
Auf dieser Welt –
Sie nimmt das Kruzifix, und küßt es.
Mein Heiland! Mein Erlöser!
Wie du am Kreuz die Arme ausgespannt,
So breite sie jetzt aus, mich zu empfangen.
Sie wendet sich zu gehen, in diesem Augenblick begegnet ihr Auge dem Grafen Leicester, der bei ihrem Aufbruch unwillkürlich aufgefahren, und nach ihr hingesehen – Bei diesem Anblick zittert Maria, die Knie versagen ihr, sie ist im Begriff hinzusinken, da ergreift sie Graf Leicester, und empfängt sie in seinen Armen. Sie sieht ihn eine Zeitlang ernst und schweigend an, er kann ihren Blick nicht aushalten, endlich spricht sie.
Ihr haltet Wort, Graf Lester – Ihr verspracht
Mir euren A r m, aus diesem Kerker mich
Zu führen, und ihr leihet mir ihn jetzt!
Er steht wie vernichtet. Sie fährt mit sanfter Stimme fort.
Ja, Lester, und nicht bloß
Die Freiheit wollt ich eurer Hand verdanken.
Ihr solltet mir die Freiheit t e u e r machen,
An eurer Hand, beglückt durch eure Liebe,

Wollt ich des neuen Lebens mich erfreun.
Jetzt, da ich auf dem Weg bin, von der Welt
Zu scheiden, und ein sel'ger Geist zu werden,
Den keine ird'sche Neigung mehr versucht,
Jetzt, Lester, darf ich ohne Schamerröten
Euch die besiegte Schwachheit eingestehn –
Lebt wohl, und wenn ihr könnt, so lebt beglückt!
Ihr durftet werben um zwei Königinnen,
Ein zärtlich liebend Herz habt ihr verschmäht,
Verraten, um ein stolzes zu gewinnen,
Kniet zu den Füßen der Elisabeth!
Mög' euer Lohn nicht eure Strafe werden!
Lebt wohl! – Jetzt hab' ich nichts mehr auf der Erden!

Sie geht ab, der Sheriff voraus, Melvil und die Amme ihr zur Seite, Burleigh und Paulet folgen, die übrigen sehen ihr jammernd nach, bis sie verschwunden ist, dann entfernen sie sich durch die zwei andern Türen.

Zehnter Auftritt

Leicester allein zurückbleibend:
Ich lebe noch! Ich trag es, noch zu leben!
Stürzt dieses Dach nicht sein Gewicht auf mich!
Tut sich kein Schlund auf, das elendeste
Der Wesen zu verschlingen! Was hab' ich
Verloren! Welche Perle warf ich hin!
Welch Glück der Himmel hab' ich weggeschleudert!
– Sie geht dahin, ein schon verklärter Geist,
Und mir bleibt die Verzweiflung der Verdammten.
– Wo ist mein Vorsatz hin, mit dem ich kam,
Des Herzens Stimme fühllos zu ersticken?
Ihr fallend Haupt zu sehn mit unbewegten Blicken?

Weckt mir ihr Anblick die erstorbne Scham?
Muß sie im Tod mit Liebesbanden mich umstricken?
– Verworfener, dir steht es nicht mehr an,
In zartem Mitleid weibisch hinzuschmelzen,
Der Liebe Glück liegt nicht auf d e i n e r Bahn,
Mit einem eh'rnen Harnisch angetan,
Sei deine Brust, die Stirne sei ein Felsen!
Willst du den Preis der Schandtat nicht verlieren,
Dreist mußt du sie behaupten und vollführen!
Verstumme Mitleid, Augen, werdet Stein,
Ich seh sie fallen, ich will Zeuge sein.

Er geht mit entschloßnem Schritt der Türe zu, durch welche Maria gegangen, bleibt aber auf der Mitte des Weges stehen.

Umsonst! Umsonst! Mich faßt der Hölle Grauen,
Ich kann, ich kann das Schreckliche nicht schauen,
Kann sie nicht sterben sehen – Horch! Was war das?
Sie sind schon unten – Unter meinen Füßen
Bereitet sich das fürchterliche Werk.
Ich höre Stimmen – Fort! Hinweg! Hinweg
Aus diesem Haus des Schreckens und des Todes!

Er will durch eine andre Tür entfliehn, findet sie aber verschlossen, und fährt zurück.

Wie? Fesselt mich ein Gott an diesen Boden?
Muß ich anhören, was mir anzuschauen graut?
Die Stimme des Dechanten – Er ermahnet sie –
– Sie unterbricht ihn – Horch! – Laut betet sie –
Mit fester Stimme – Es wird still – Ganz still!
Nur schluchzen hör' ich, und die Weiber weinen –
Sie wird entkleidet – Horch! Der Schemel wird
Gerückt – Sie kniet aufs Kissen – legt das Haupt –

Nachdem er die letzten Worte mit steigender Angst gesprochen, und eine Weile inne gehalten, sieht man ihn plötzlich mit einer zuckenden Bewegung zusammenfahren, und ohnmächtig niedersinken, zugleich erschallt von unten herauf ein dumpfes Getöse von Stimmen, welches lange fortballt.

Eilfter Auftritt

Das zweite Zimmer des vierten Aufzugs.
Elisabeth tritt aus einer Seitentüre, ihr Gang und ihre Gebärden drücken die heftigste Unruhe aus.

Noch Niemand hier – Noch keine Botschaft – Will es
Nicht Abend werden? Steht die Sonne fest
In ihrem himmlischen Lauf? – Ich soll noch länger
Auf dieser Folter der Erwartung liegen.
– Ist es geschehen? Ist es nicht? – Mir graut
Vor beidem, und ich wage nicht zu fragen!
Graf Lester zeigt sich nicht, auch Burleigh nicht,
Die ich ernannt, das Urteil zu vollstrecken.
Sind sie von London abgereist – Dann ists
Geschehn, der Pfeil ist abgedrückt, er fliegt,
Er trifft, er hat getroffen, gälts mein Reich,
Ich kann ihn nicht mehr halten – Wer ist da?

Zwölfter Auftritt

Elisabeth. Ein Page.

ELISABETH Du kommst allein zurück – Wo sind die Lords?
PAGE Mylord von Lester, und der Großschatzmeister –
ELISABETH *in der höchsten Spannung:*
Wo sind sie?
PAGE Sie sind nicht in London.

ELISABETH Nicht?
– Wo sind sie denn?

PAGE Das wußte niemand mir zu sagen.
Vor Tages Anbruch hätten beide Lords
Eilfertig und geheimnisvoll die Stadt
Verlassen.

ELISABETH *lebhaft ausbrechend:*
Ich bin Königin von England!
Auf und niedergehend in der höchsten Bewegung.
Geh! Rufe mir – nein, bleibe – Sie ist tot!
Jetzt endlich hab' ich Raum auf dieser Erde.
– Was zittr' ich? Was ergreift mich diese Angst?
Das Grab deckt meine Furcht, und wer darf sagen,
Ich habs getan! Es soll an Tränen mir
Nicht fehlen, die Gefallne zu beweinen!
Zum Pagen.
Stehst du noch hier? – Mein Schreiber Davison
Soll augenblicklich sich hierher verfügen.
Schickt nach dem Grafen Schrewsbury – Da ist
Er selbst!
Page geht ab.

Dreizehnter Auftritt

Elisabeth. Graf Schrewsbury.

ELISABETH Willkommen, edler Lord. Was bringt ihr?
Nichts kleines kann es sein, was euren Schritt
So spät hierher führt.

SCHREWSBURY Große Königin,
Mein sorgenvolles Herz, um deinen Ruhm
Bekümmert, trieb mich heute nach dem Tower,
Wo Kurl und Nau, die Schreiber der Maria

Gefangen sitzen, denn noch einmal wollt' ich
Die Wahrheit ihres Zeugnisses erproben.
Bestürzt, verlegen weigert sich der Leutnant
Des Turms, mir die Gefangenen zu zeigen,
Durch Drohung nur verschafft' ich mir den Eintritt,
– Gott! Welcher Anblick zeigte mir sich da!
Das Haar verwildert, mit des Wahnsinns Blicken,
Wie ein von Furien gequälter, lag
Der Schotte Kurl auf seinem Lager – Kaum
Erkennt mich der Unglückliche, so stürzt er
Zu meinen Füßen – schreiend, meine Knie
Umklammernd mit Verzweiflung, wie ein Wurm
Vor mir gekrümmt – fleht er mich an, beschwört mich,
Ihm seiner Königin Schicksal zu verkünden;
Denn ein Gerücht, daß sie zum Tod verurteilt sei,
War in des Towers Klüfte eingedrungen.
Als ich ihm das bejahet nach der Wahrheit,
Hinzu gefügt, daß es *sein* Zeugnis sei,
Wodurch sie sterbe, sprang er wütend auf,
Fiel seinen Mitgefangnen an, riß ihn
Zu Boden, mit des Wahnsinns Riesenkraft,
Ihn zu erwürgen strebend. Kaum entrissen wir
Den Unglückselgen seines Grimmes Händen.
Nun kehrt' er gegen *sich* die Wut, zerschlug
Mit grimmgen Fäusten sich die Brust, verfluchte sich
Und den Gefährten allen Höllengeistern.
Er habe falsch gezeugt, die Unglücksbriefe
An Babington, die er als echt beschworen,
Sie seien falsch, er habe andre Worte
Geschrieben, als die Königin diktiert,
Der Böswicht Nau hab' ihn dazu verleitet.
Drauf rannt' er an das Fenster, riß es auf
Mit wütender Gewalt, schrie in die Gassen
Hinab, daß alles Volk zusammen lief,
Er sei der Schreiber der Maria, sei

Der Böswicht, der sie fälschlich angeklagt,
Er sei verflucht, er sei ein falscher Zeuge!

ELISABETH Ihr sagtet selbst, daß er von Sinnen war.
Die Worte eines Rasenden, Verrückten,
Beweisen nichts.

SCHREWSBURY Doch dieser Wahnsinn selbst
Beweiset desto mehr! O Königin!
Laß dich beschwören, übereile nichts,
Befiehl, daß man von neuem untersuche.

ELISABETH Ich will es tun – weil ihr es wünschet, Graf,
Nicht weil ich glauben kann, daß meine Peers
In dieser Sache übereilt gerichtet.
Euch zur Beruhigung erneure man
Die Untersuchung – Gut, daß es noch Zeit ist!
An unsrer königlichen Ehre soll
Auch nicht der Schatten eines Zweifels haften.

Vierzehnter Auftritt

Davison zu den Vorigen.

ELISABETH Das Urteil, Sir, das ich in eure Hand
Gelegt – Wo ists?

DAVISON *im höchsten Erstaunen:*
Das Urteil?

ELISABETH Das ich gestern
Euch in Verwahrung gab –

DAVISON Mir in Verwahrung!

ELISABETH Das Volk bestürmte mich, zu unterzeichnen,
Ich mußt' ihm seinen Willen tun, ich tats,
Gezwungen tat ichs, und in eure Hände
Legt' ich die Schrift, ich wollte Zeit gewinnen,
Ihr wißt, was ich euch sagte – Nun! Gebt her!

SCHREWSBURY Gebt, werter Sir, die Sachen liegen anders,
Die Untersuchung muß erneuert werden.
ELISABETH Bedenkt euch nicht so lang'. Wo ist die Schrift?
DAVISON *in Verzweiflung:*
Ich bin gestürzt, ich bin ein Mann des Todes!
ELISABETH *hastig einfallend:*
Ich will nicht hoffen, Sir –
DAVISON Ich bin verloren!
Ich hab' sie nicht mehr.
ELISABETH Wie? Was?
SCHREWSBURY Gott im Himmel!
DAVISON Sie ist in Burleighs Händen – schon seit gestern.
ELISABETH Unglücklicher? So habt ihr mir gehorcht,
Befahl ich euch nicht streng, sie zu verwahren?
DAVISON Das hast du nicht befohlen, Königin.
ELISABETH Willst du mich Lügen strafen, Elender?
Wann hieß ich dir die Schrift an Burleigh geben?
DAVISON Nicht in bestimmten, klaren Worten – aber –
ELISABETH Nichtswürdiger! Du wagst es, meine Worte
Zu deuten? Deinen eignen blutgen Sinn
Hinein zu legen? – Wehe dir, wenn Unglück
Aus dieser eigenmächtigen Tat erfolgt,
Mit deinem Leben sollst du mirs bezahlen.
– Graf Schrewsbury, ihr sehet, wie mein Name
Gemißbraucht wird.
SCHREWSBURY Ich sehe – O mein Gott!
ELISABETH Was sagt ihr?
SCHREWSBURY Wenn der Squire* sich dieser Tat
Vermessen hat auf eigene Gefahr,
Und ohne deine Wissenschaft gehandelt,
So muß er vor den Richterstuhl der Peers
Gefodert werden, weil er deinen Namen
Dem Abscheu aller Zeiten Preis gegeben.

Titel der Nichtadligen

Letzter Auftritt

Die Vorigen. Burleigh, zuletzt Kent.

BURLEIGH *beugt ein Knie vor der Königin:*
Lang lebe meine königliche Frau,
Und mögen alle Feinde dieser Insel
Wie diese Stuart enden!
Schrewsbury verhüllt sein Gesicht, Davison ringt verzweiflungsvoll die Hände.

ELISABETH Redet, Lord!
Habt ihr den tödlichen Befehl von mir
Empfangen?

BURLEIGH Nein, Gebieterin! Ich empfing ihn
Von Davison.

ELISABETH Hat Davison ihn euch
In meinem Namen übergeben?

BURLEIGH Nein!
Das hat er nicht –

ELISABETH Und ihr vollstrecktet ihn,
Rasch, ohne meinen Willen erst zu wissen?
Das Urteil war gerecht, die Welt kann uns
Nicht tadeln, aber euch gebührte nicht,
Der Milde unsres Herzens vorzugreifen –
⌜Drum seid verbannt⌝ von unserm Angesicht!
Zu Davison.
Ein strengeres Gericht erwartet euch,
Der seine Vollmacht frevelnd überschritten,
Ein heilig anvertrautes Pfand veruntreut.
Man führ' ihn nach dem Tower, es ist mein Wille,
Daß man auf Leib und Leben ihn verklage.
– Mein edler Talbot! Euch allein hab' ich
Gerecht erfunden unter meinen Räten,
Ihr sollt fortan mein Führer sein, mein Freund –

SCHREWSBURY Verbanne deine treusten Freunde nicht,

Wirf sie nicht ins Gefängnis, die für dich
Gehandelt haben, die jetzt für dich schweigen.
– Mir aber, große Königin, erlaube,
Daß ich das Siegel, das du mir zwölf Jahre
Vertraut, zurück in deine Hände gebe.

ELISABETH *betroffen:*
Nein, Schrewsbury! Ihr werdet mich jetzt nicht
Verlassen, jetzt –

SCHREWSBURY Verzeih, ich bin zu alt,
Und diese grade Hand, sie ist zu starr,
Um deine neuen Taten zu versiegeln.

ELISABETH Verlassen wollte mich der Mann, der mir
Das Leben rettete?

SCHREWSBURY Ich habe wenig
Getan – Ich habe deinen edlern Teil
Nicht retten können. Lebe, herrsche glücklich!
Die Gegnerin ist tot. Du hast von nun an
Nichts mehr zu fürchten, brauchst nichts mehr zu achten.

Geht ab.

ELISABETH *zum Grafen Kent, der hereintritt:*
Graf Lester komme her!

KENT Der Lord läßt sich
Entschuldigen, er ist zu Schiff nach Frankreich.

Sie bezwingt sich und steht mit ruhiger Fassung da.
Der Vorhang fällt.

Kommentar

Zeittafel

1759 Johann Christoph Friedrich Schiller wird am 10. 11. als zweites Kind von Johann Caspar (1723–1796) und Elisabeth Dorothea Schiller, geb. Kodweiß (1732–1802), in Marbach am Neckar geboren. Der Vater, Offizier in herzoglich-württembergischen Diensten, nahm mit seinem Regiment am Siebenjährigen Krieg (1756–1763) gegen Preußen teil, so dass das Kind die ersten Lebensjahre mit der Mutter allein verbrachte.

1766 Rückkehr des Vaters in die Garnison in Ludwigsburg.

1767–1772 Eintritt in die Lateinschule von Ludwigsburg. *Götz von Berlichingen* (1773) von Johann Wolfgang von Goethe (1749–1832) erscheint.

1773–1780 Eintritt in die ›Militär-Pflanzschule‹ des Herzogs Karl Eugen von Württemberg (1728–1793) auf Schloß Solitude bei Stuttgart, aus der die ›Hohe Karlsschule‹ (1775) hervorgeht; häufige Erkrankungen beeinträchtigen Schillers Schulleistungen. *Von deutscher Art und Kunst* (1773) von Johann Gottfried von Herder (1744–1803) erscheint.

1774 Beginn des Studiums der Jurisprudenz. Goethes *Die Leiden des jungen Werthers*.

1776 Schiller wechselt zum Studium der Medizin über. *Die Kindsmörderin* von Heinrich Leopold Wagner (1747–1779).

1777 Schiller arbeitet an *Die Räuber*. Verhaftung des Dichters Christian Friedrich Daniel Schubart (1739–1791); *Sturm und Drang* von Friedrich Maximilian Klinger (1752–1831).

1779 Anlässlich des Geburtstags der Franziska Reichsgräfin von Hohenheim (1748–1811) am 10. 1. hält Schiller eine öffentliche *Rede über die Frage: Gehört allzuviel Güte, Leutseeligkeit und grosse Freygebigkeit im engsten Verstande zur Tugend?* Eröffnung des Mannheimer Nationaltheaters.

1780 Ausarbeitung der *Räuber*; Medizinische Dissertation

Schillers: *Versuch über den Zusammenhang der tierischen Natur des Menschen mit seiner geistigen*; 15.12.: Entlassung aus der Militärakademie; Regimentsmedikus des Grenadierregiments von Augé in Stuttgart mit einem Monatsgehalt von nur 18 Gulden.

1781 Lektüre oder Besuch einer Aufführung des Schauspiels *Der deutsche Hausvater* (1780) von Otto Heinrich Reichsfreiherr von Gemmingen (1755–1836).

1782 13.1.: Uraufführung der *Räuber* in Mannheim. Schiller reist ohne herzogliche Erlaubnis dorthin und wird nach einer zweiten Mannheim-Reise mit 14 Tagen Arrest bestraft; Verbot der Schriftstellerei; 2.9.: Flucht Schillers aus Stuttgart mit Andreas Streicher (1761–1833) nach Mannheim und am 3./4.10. weiter nach Frankfurt/M. und Oggersheim. Unterwegs Beschäftigung mit Plänen zu *Louise Millerin*. Dez. 1782–Juli 1783: Schiller schreibt während seines Aufenthalts in Bauerbach bei Meiningen auf dem Gut seiner Gönnerin Henriette von Wolzogen (1745–1788) weiter an dem Stück.

1783 20.7.: Uraufführung des *Fiesco* in Bonn; 13.8.: Leseprobe der *Louise Millerin* vor dem Mannheimer Intendanten Wolfgang Heribert Freiherr von Dalberg (1750–1806). 1.9.: Schiller tritt seine Stelle als Mannheimer Theaterdichter an, mit der Verpflichtung, innerhalb eines Jahres drei Dramen zu schreiben; Arbeit am *Don Karlos*.

1784 11.1.: *Fiesco* erstmals in Mannheim gespielt; Uraufführung von *Kabale und Liebe* in Frankfurt (13.4.) und Mannheim (15.4.); programmatische Rede Schillers vor der Deutschen Gesellschaft in Mannheim: *Vom Wirken der Schaubühne auf das Volk* (später u. d. T. *Was kann eine gute stehende Schaubühne eigentlich wirken?* in der *Rheinischen Thalia* veröffentlicht, gedruckt in den *Kleineren prosaischen Schriften* u. d. T. *Die Schaubühne als moralische Anstalt betrachtet*); Bekanntschaft mit Charlotte von Kalb (1761–1853); Vertrag mit dem Mannheimer Nationaltheater nicht verlängert; Karl August von Sachsen-Anhalt-Weimar (1757–1828) verleiht Schiller den Titel eines Rates.

1785 Abreise von Mannheim nach Leipzig; Bekanntschaft mit Christian Gottfried Körner (1756–1831); erstes und zweites Heft der *Rheinischen Thalia*.

1786 Beginn des Geschichtsstudiums; *Verbrecher aus verlorener Ehre* verfasst; Arbeit am *Geisterseher*.

1787 Begegnung mit Herder und Christoph Martin Wieland (1733–1813) in Weimar; Mitglied der Jenaer *Allgemeinen Literatur-Zeitung*; 29. 8.: Uraufführung des *Don Karlos* in Hamburg.

1788 Erste Begegnung mit Goethe in Rudolstadt; Goethe schlägt Schiller für eine Professur in Jena vor; *Geschichte des Abfalls der vereinigten Niederlande von der spanischen Regierung*.

1789 Ernennung zum Professor in Jena; 26. 5.: Antrittsvorlesung: *Was heißt und zu welchem Ende studiert man Universalgeschichte?*

1790 Ernennung zum Hofrat; Gewährung einer jährlichen Pension von 200 Talern; Heirat mit Charlotte von Lengefeld (1766–1826); *Geschichte des Dreißigjährigen Krieges,* 1. und 2. Buch.

1791 Schwere Erkrankung; Erholungsreise nach Karlsbad; Kant-Studien; Angebot des Herzogs Friedrich Christian von Schleswig-Holstein-Augustenburg (1765–1814) und des Ministers Graf Ernst von Schimmelmann (1747–1831), Schiller 3 000 Taler zum Geschenk zu machen; *Geschichte des Dreißigjährigen Krieges,* 3. Buch.

1792 1. 1.: Die französische Nationalversammlung erteilt Schiller das französische Bürgerrecht; Vorlesungen über Ästhetik; *Geschichte des Dreißigjährigen Krieges*, Abschluss des 3. Buches, 4. und 5. Buch; Erstaufführung von *Kabale und Liebe* in Stuttgart; es bleibt bei der einmaligen Inszenierung, weitere Vorstellungen werden verboten; *Kleinere prosaische Schriften* I.

1793 21. 1.: Hinrichtung Ludwigs XVI. von Frankreich; Vorlesungen über Ästhetik; längere Reise mit Charlotte von Lengefeld nach Schwaben; Geburt des ersten Sohnes Karl Friedrich Ludwig (1793–1857); *Über Anmut und Würde*; *Vom Erhabenen*. Tod des Herzogs Karl Eugen von Württemberg.

1794 Rückreise von Stuttgart nach Jena; Begegnung mit Goethe in Jena bei der Tagung der Naturforschenden Gesellschaft; Freundschaft mit Wilhelm von Humboldt (1767–1835).

1795 Ablehnung der Berufung als Philosophieprofessor nach Tübingen; *Über die ästhetische Erziehung des Menschen.*

1796 Geburt des zweiten Sohnes Ernst Friedrich Wilhelm (1796–1841); Tod des Vaters; *Über naive und sentimentalische Dichtung.*

1797 Arbeit am *Wallenstein.*

1798/99 Uraufführung der drei Teile des *Wallenstein* in Weimar; 3. 12.: Schiller zieht nach Weimar um.

1800 14. 6.: Uraufführung von *Maria Stuart* in Weimar; Buchausgabe des *Wallenstein*; *Kleinere prosaische Schriften* II.

1801 11. 9.: Uraufführung von *Die Jungfrau von Orleans* in Leipzig; *Kleinere prosaische Schriften* III.

1802 Tod der Mutter; Schiller erhält das Adelsdiplom aus Wien; *Kleinere prosaische Schriften* IV.

1803 19. 3.: Uraufführung der *Braut von Messina* in Weimar.

1804 Geburt der Tochter Emilie Henriette Luise (1804–1872); 17. 3.: Uraufführung des *Wilhelm Tell* in Weimar.

1805 Uraufführung der *Phädra* (1677) von Jean Racine (1639–1699) in Schillers Übersetzung; Beschäftigung mit dem *Demetrius*; 9. 5.: Tod Schillers; 11. 5.: Bestattung.

1827 16. 12.: Überführung in die Fürstengruft in Weimar.

Entstehungsgeschichte

Bereits unmittelbar nach Beendigung seines bürgerlichen Trauerspiels *Kabale und Liebe* trägt sich Schiller mit dem Plan zu einem *Maria Stuart*-Stück und beginnt, Material zu sammeln. Aber die Arbeit nimmt keine Kontur an, wie er im März 1783 an Wilhelm Friedrich Reinwald (1737–1815) schreibt: »Meine Maria Stuart ist noch nicht so glücklich, unanimia zu haben. Ich bin wirklich in einer höchst verdrüßlichen Lage, weil ich gern an ein Stük gienge, und noch zu keinem entschlossen bin« (zit. n. Schiller, *Dichter über ihre Dichtungen*, Bd. 2, hg. v. Bodo Lecke, S. 373). Diese Unentschlossenheit ändert sich nicht, so dass Schiller wenige Tage später wiederum an Reinwald schreibt und ihm eingesteht, dass er, um sein »langes Hin und Her Schwanken zwischen Imhof und Maria Stuart los zu seyn«, beide »bis auf weitere Ordre zurückgelegt« (ebd., S. 374) habe.

Erste Pläne 1783

Erst 16 Jahre später nimmt er erneut das *Stuart*-Projekt in Angriff, wie aus dem Briefwechsel mit Johann Wolfgang Goethe (1749–1832) hervorgeht, dem er am 19.3.1799 mitteilt, dass ihn nunmehr – nach Vollendung der *Wallenstein*-Trilogie – »Neigung und Bedürfniß zu einem frei phantasierten, nicht historischen, und zu einem bloß leidenschaftlichen und menschlichen Stoff« zögen, denn »Soldaten Helden und Herrscher habe ich vor jetzt herzlich satt« (zit. n. Schiller Bd. 5, S. 542).

Beginn 1799

Trotzdem greift Schiller mit *Maria Stuart* wieder einen geschichtlichen Stoff auf, und die brieflichen Äußerungen zur Entstehung des Stücks umkreisen folglich primär das Problem der Anverwandlung des historischen Stoffes in die Form des Dramas. Durch die Transformation in die dramatische Form soll das Historische auf den bloß ›leidenschaftlichen und menschlichen Stoff‹ reduziert werden, um so die erwünschte Wirkung beim Publikum hervorzurufen. Am 26.4.1799 schreibt Schiller an Goethe:

> »Indessen habe ich mich an eine Regierungsgeschichte der Königin Elisabeth gemacht und den Prozeß der Maria Stuart zu studieren angefangen. Ein paar tragische Hauptmotive haben sich mir gleich dargeboten und mir großen Glauben an

diesen Stoff gegeben der unstreitig sehr viele dankbare Seiten hat. Besonders scheint er sich zu der Euripidischen Methode [Dramentechnik, mit deren Hilfe, so Schiller, der psychische Zustand des Helden ohne Ablenkungen einer schwerfälligen Staatsaktion freigelegt werden könne], welche in der vollständigsten Darstellung des Zustandes besteht, zu qualifizieren, denn ich sehe eine Möglichkeit, den ganzen Gerichtsgang zugleich mit allen politischen auf die Seite zubringen, und die Tragödie mit der Verurtheilung anzufangen. Doch davon mündlich« (Lecke, S. 374).

Ebenfalls auf den 26. 4. 1799 datiert, findet sich in Schillers Kalender die Notiz »Maria Stuarts Geschichte angefangen zu studiren« (ebd.). Bereits am 4. 6. kann er Goethe mitteilen, »das Schema zu den ersten Akten der Maria« entworfen zu haben; nur »in den letzten [Akten]« sei ein »einziger Punkt unausgemacht« (ebd., S. 375), so dass Schiller nun glaubt, »zur Ausführung fortzugehen« (ebd.). Noch am selben Tag findet sich in seinem Kalender die Eintragung: »Maria angefangen auszuarbeiten« (ebd., S. 376).

Franz Kratter

In jenen Tagen wird in Weimar das Stück *Der Friede am Pruth* von Franz Kratter (1758–1830) aufgeführt, das den 1711 zwischen den Türken und Peter dem Großen geschlossenen Frieden behandelt. Schiller verzichtet auf einen Besuch der Aufführung, obwohl ihm Kratters Idee, »aus diesem Stoff ein Drama zu machen, nicht übel gefällt«, denn der Stoff habe »den wesentlichen Vortheil bei sich, daß die Handlung in einen thatvollen Moment concentriert ist und zwischen Furcht und Hofnung rasch zum Ende eilen muß. Auch sind vortrefliche dramatische Charaktere darinn schon von der Geschichte hergegeben« (ebd.).

Schiller scheint mit Kratters Stück zu sympathisieren, weil es in der Anlage seinem Projekt ähnelt, denn wenige Tage (18. 6.) nach Beginn der Ausarbeitung teilt er Goethe mit:

»Ich fange schon jetzt an, bei der Ausführung, mich von der *tragischen* Qualität meines Stoffs immer mehr zu überzeugen, und darunter gehört besonders, daß man die Catastrophe gleich in den ersten Scenen sieht und, indem die Handlung des Stücks sich davon wegzubewegen scheint, ihr immer näher und näher geführt wird. An der Furcht des Aristoteles fehlt es

> also nicht, und das Mitleiden wird sich auch schon finden« (ebd., S. 377).

Bezüglich der Wirkung seiner Maria auf den Zuschauer denkt Schiller neben den aristotelischen Kategorien von Furcht und Mitleid an eine »allgemeine tiefe Rührung« durch das Pathetische oder Erhabene. Seine Maria werde

Wirkung auf Zuschauer

> »keine weiche Stimmung erregen. Es ist meine Absicht nicht, ich will sie immer als ein physisches Wesen halten, und das pathetische muß mehr eine allgemeine tiefe Rührung als ein persönlich und individuelles Mitgefühl seyn. Sie empfindet und erregt keine Zärtlichkeit, ihr Schicksal ist nur heftige Passion zu erfahren und zu entzünden. Bloß die Amme fühlt Zärtlichkeit für sie« (ebd.).

Er muss jedoch bald einsehen, dass seine Arbeit nicht so schnell vorangeht, wie er es sich vorgestellt hatte. Ihn bremst die »nöthige Exposition des Prozesses und der Gerichtsform«, weil sie ihm zum einen »nicht geläufig« sind und zum andern auch »eine gewisse Tendenz zur Trockenheit« (ebd., S. 378) haben, die zu überwinden Zeit kostet. So stellt er in einem Brief an Goethe, anderthalb Monate nach Beginn der Ausarbeitungsphase an dem Drama, fest:

> »Von der Maria Stuart werden Sie nicht mehr als Einen Akt fertig finden; dieser Akt hat mir deßwegen viel Zeit gekostet und kostet mir noch 8 Tage, weil ich den poetischen Kampf mit dem historischen Stoff darinn bestehen mußte und Mühe brauchte, der Phantasie eine Freiheit über die Geschichte zu verschaffen, indem ich zugleich von allem, was diese brauchbares hat, Besitz zu nehmen suchte. Die folgenden Akte sollen, wie ich hoffe, schneller gehen, auch sind sie beträchtlich kleiner« (ebd., S. 379).

Zwei Monate später, nachdem Schiller den ersten Akt am 24.7. abgeschlossen und den zweiten Akt am darauf folgenden Tag begonnen hat, kann er Christian Gottfried Körner (1756–1831) in einem Schreiben vom 9.8. berichten, er habe nunmehr »ein Drittheil der neuen Tragödie« (ebd., S. 380) fertig gestellt und damit »das schwerste vom Ganzen« (ebd.), und dies mit dem Ergebnis, dass er sich nunmehr sicher sei, dass er sich »im Stoffe nicht vergriffen habe, ob man gleich glauben sollte, daß ein so allgemein bekannter und tragischer Stoff, eben weil er noch von keinem guten Poeten benutzt worden, einen geheimen Fehler haben müsse« (ebd.).

Goethe gegenüber (16. 8.) äußert Schiller, er hoffe, Ende August mit dem zweiten Akt abgeschlossen zu haben. In Hinsicht auf die theatralische Wirkung, d.h. die Aufführung seines Theaterstücks, will er sich darum bemühen, dass »in dieser Tragödie alles theatralisch seyn soll« (ebd., S. 382). Er beabsichtigt, *Maria Stuart* zugleich »für den Zweck der Repraesentation etwas enger zusammenzuziehen« (ebd.). Denn »historisch betrachtet« sei dies ein »reichhaltiger Stoff«, den er daher in der Version des

Lesedrama

›Lesedramas‹ auch »in historischer Sicht« etwas »reicher behandelt und Motive aufgenommen [habe], die den nachdenkenden und instruierten Leser freuen können, die aber bei der Vorstellung, wo ohnehin der Gegenstand sinnlich dasteht, nicht nöthig und wegen historischer Unkenntniß des großen Haufens auch ohne Interesse sind« (ebd., S. 382).

Anfang September 1799 sieht sich Schiller veranlasst, die Arbeit an *Maria Stuart* zu unterbrechen, um den *Musenalmanach für das Jahr 1800* fertig zu stellen. Diese Unterbrechung hält er indes für weniger störend, zumal er

> »die Handlung bis zu der Scene geführt, wo die beiden Königinnen zusammenkommen. Die Situation ist an sich selbst moralisch unmöglich [im Sinne von ›unwahrscheinlich‹], ich bin sehr verlangend, wie es mir gelungen ist, sie möglich zu machen. Die Frage geht zugleich die Poesie überhaupt an, und darum bin ich doppelt begierig sie mit Ihnen zu verhandeln« (ebd., S. 385).

Dann aber ziehen sich die Arbeiten an *Maria Stuart* hin. Die Übersetzung von Shakespeares *Macbeth*, familiäre Ereignisse wie die Geburt der Tochter Caroline, die Krankheit seiner Frau und schließlich auch der Umzug von Jena nach Weimar am 3. 12. 1799 hinderten Schiller an einer zügigen Fertigstellung seiner Tragödie. Erst im Mai 1800 kann er Goethe mitteilen, sich in den letzten Tagen damit beschäftigt zu haben, »die vier ersten Akte der Maria für den Theaterzweck in Ordnung zu bringen« (ebd., S. 389). Schiller benötigt dann noch die Zeit bis zum 9. Juni, um die Tragödie »geendigt« (ebd., S. 393) zu haben, gefördert durch die Einladung des Herzogs Karl August, für drei Wochen sich auf Schloss Ettersburg zurückzuziehen, um dort in Ruhe und Abgeschiedenheit den letzten Akt zu vollenden. Bilanz ziehend, kann er Körner vorrechnen, »für die Maria Stuart, nach Abrechnung der Zeit, wo ich nicht daran arbeitete, 7 und 1/2 Monat gebraucht, von dem ersten Gedanken an diesen Stoff an gerechnet«. Daraus leitet er für sich ab, »also hoffen« zu können, »bei zunehmender Uebung und größerer Sicherheit in der Ausführung in einem halben Jahre ein Stück fertig zu bringen« (ebd., S. 401 f.).

Maria Stuart wurde am 14. 6. 1800 am Weimarer Hoftheater uraufgeführt. Weitere Aufführungen schlossen sich durch die Bühnen in Berlin, Leipzig/Dresden, Stuttgart (1802), Düsseldorf (1802), Mannheim (1804) und Hamburg an. Uraufführung

Wirkungsgeschichte

Fast ein Jahr nach der Uraufführung erfolgte die Publikation des Textes. Der Aufführung waren noch Lesungen des Textes durch Schiller vor den Schauspielern vorausgegangen, auch wohnte er den Proben häufiger bei. Bei den Vorlesungen des Stückes wollten die Umsitzenden Genaueres über dessen Anlage erfahren, wie Amalie von Voigt (1778–1840) berichtet. Schiller verweigerte jedoch eine genaue Auskunft und begnügte sich mit dem folgenden, für eine Interpretation des Stückes wichtigen Hinweis auf die Konstruktion und Anlage der Figur Marias, dass er diese »nicht schuldlos genommen habe, weil eine ganz engelreine Heldin ihm untragisch vorkomme«. Später fügte er hinzu,

Amalie von Voigt

> »es habe ihm der Sache angemessener geschienen, gleich zu Anfange die Schuld, welche auf Marien laste, kund zu machen; im Verfolg des Stückes verringere sich dann immer mehr und mehr ihr Vergehen und zuletzt stehe sie fast makellos da, statt daß es eine unziemliche Wirkung thun würde, wenn erst nach und nach ihr Vergehen an den Tag komme« (zit. n. Grawe, S. 66).

Resonanz der Uraufführung

Amalie von Voigt berichtet auch über die Resonanz, welche die Uraufführung in Weimar fand, und benennt zugleich die strittigen Punkte der Tragödie, welche die weitere Diskussion bestimmen sollten:

> »Das erste Urtheil über dieses Stück war nicht durchaus günstig; man fand es in der Form, im dramatischen Effekte gelungener, als den Wallenstein; aber man vermißte ungern idealische Gestalten, wie Max und Thekla, und an die Zank-Scene zwischen den beiden Königinnen, noch mehr aber an die Abendmahl-Scene stieß sich Mancher; man sprach von Entheiligung und hielt es für einen starken Mißgriff, die Eigenthümlichkeit des unter ganz anderen Bedingungen entstandenen griechischen Theaters, das ja zum gottesdienstlichen Gebrauche mit bestimmt gewesen sei, nach Deutschland verpflanzen zu wollen« (ebd., S. 70).

Schiller selbst ist mit dem Aufführungserfolg sehr zufrieden. An Körner schreibt er am 16. 6. 1800:

»Ich habe mich einige Wochen nach Ettersburg zurückgezogen, wo ich bloß mit meinem Bedienten in einem weimarischen Schlosse lebte und die Maria Stuart beendigte. Die vorige Woche kam ich zurück und dirigirte die Proben auf dem Theater, vorgestern ist sie gespielt worden, und mit einem Succeß, wie ich ihn nur wünschen konnte. Ich fange endlich an, mich des dramatischen Organs zu bemächtigen und mein Handwerk zu verstehen« (Luserke, Schiller, Bd. 5, S. 554).

Hinsichtlich der nun ins Auge gefassten Berliner Aufführung teilt Schiller August Wilhelm Iffland (1759–1814) mit, wenn »man auf dem Berliner Theater nicht so weit dürfe, als [er] in der sechsten Scene des fünften Akts gegangen [sei], und hier in Weimar gehen durfte, so [...] sei mit einigen Strichen geholfen, die er [Iffland] überlasse« (ebd., S. 554). Schiller spielt auf die schon bei der Weimarer Uraufführung umstrittene Beicht- und Abendmahlszene an, welcher der Vorwurf der Blasphemie gemacht wurde und die auch schon der Weimarer Herzog Karl August (1757–1828) noch vor der Uraufführung beanstandet hatte, nachdem ihm davon zu Ohren gekommen war. Denkbar ist, dass der Weimarer Superintendent Johann Gottfried Herder (1744–1803) den Herzog dazu anregte, über Goethe brieflich an Schiller heranzutreten. Der Herzog hatte Goethe nämlich geschrieben:

Umstrittene Beicht- und Abendmahlszene

»Es ist mir gestern abend erzählt worden, daß in der Marie Stuart eine förmliche Kommunion oder Abendmahl auf dem Theater passieren würde. Vermutlich soll sie katholisch sein und sich vielleicht mit der in den Jesuiten entschuldigen [Anspielung auf eine Tragödie von Johann Gottfried Lucas Hagemeister (1762–1806), die in der Bearbeitung von Christian August Vulpius (1762–1827) im Mai 1799 aufgeführt worden war]: indessen ist doch auf unserer Bühne bei der Vorstellung der Jesuiten die Sache so anständig gemacht worden, daß, bis auf ein Kruzifix, das wohl auch hätte wegbleiben können, nichts sehr Anstößiges vorkam. Siehe doch zu, daß dieses auch bei Marie Stuart der Fall sei; ich erinnere dich daran, weil ich der prudentia mimica externa Schilleri [Schillers äußere dramaturgische Rücksicht] nicht recht traue. So ein braver Mann er sonsten ist, so ist doch leider die göttliche

> Unverschämtheit oder die unverschämte Göttlichkeit, nach Schlegelscher Terminologie, dergestalt zum Tone geworden, daß man sich mancherlei poetische Auswüchse erwarten kann, wenn es bei neuern Dichtungen darauf ankommt, einen *Effekt*, wenigstens *einen sogenannten* hervorzubringen, und der Gedanke, oder der poetische Schwung nicht zureichen wollte, um durch Worte und Gedanken das Herz des Zuhörers zu rühren« (Grawe, S. 75).

Goethe wendet sich nach Erhalt dieses Schreibens umgehend an Schiller (12. 6. 1800):

> »Der kühne Gedancke, eine Communion aufs Theater zu bringen, ist schon ruchtbar geworden und ich werde veranlaßt Sie zu ersuchen diese Funcktion zu umgehen. Ich darf jetzt bekennen, daß es mir selbst dabey nicht wohl zu Muthe war, nun da man schon zum voraus dagegen protestirt, ist es in doppelter Betrachtung nicht räthlich. Mögen Sie mir vielleicht den 5ten Ackt mittheilen? und mich diesen Morgen nach 10 Uhr besuchen? damit wir die Sache besprechen könnten« (ebd., S. 75 f.).

Sicher ist bis heute nur, dass Schiller nach Erhalt des Goetheschen Briefes die Szene V,7 auch für die Weimarer Aufführung dahin gehend ändert, dass er sie in ihrer religiösen Substanz verharmlost und entschärft, wie es den überlieferten Theatermanuskripten für die Berliner, Leipzig-Dresdener und Hamburger Bühne zu entnehmen ist.

Die Abendmahlszene, außerdem Mortimers Zudringlichkeit gegenüber Maria (III,6) und schließlich die von den geschichtlichen Tatsachen abweichende, ausschließlich der poetischen Wahrheit geschuldete Begegnung der Königinnen sind die drei Punkte, auf die sich die Rezensionen unmittelbar nach der Uraufführung konzentrieren.

Rezensionen der Bühnenfassung

Im *Journal des Luxus und der Moden* erscheint im Juli 1800 eine Kritik, die dem Weimarer Gymnasialdirektor Karl August Böttiger (1760–1835) zugeschrieben wird. Böttiger teilt mit, dass man »den unglücklichen Ausgang jener Unterredung der stolzen Elisabeth mit der aufglühenden Maria Stuart besonders gegen das Ende sehr hart und beleidigend gefunden« (ebd., S. 113). Böttiger entschuldigt aber diese erfundene Szene und den in ihr regierenden harten Ton damit, dass man die »Nothwendigkeit eingesehen [habe], gerade durch eine solche Fiktion die äußerst undramatische Entschlossenheit der Elisabeth zu einem raschen Entschluß zu bringen« (ebd.). Außerdem habe man bemerkt, dass, »wenn je eine solche Zusammenkunft, die, der Geschichte zufolge, Maria Stuart stets sehnlich erflehte, und Elisabeth stets listig vermied, statt gefunden hätte, sie ohngefähr denselben Ausgang genommen haben müßte, den hier der Dichter wirklich vorzeichnet« (ebd.).

Nach welchen Kriterien, die sicherlich auch zu einem Teil den Erwartungshorizont des zeitgenössischen Publikums mitbestimmten, die Aufführung des Theaterstücks damals beurteilt wurde, kann man sehr deutlich einer Rezension entnehmen, die ein bis heute nicht identifizierter Schreiber in einem Buch von fast 150 Seiten verfasste. »Wir sahen ein in vieler Hinsicht vollendetes Meisterwerk«, heißt es dort, und der Anonymus begründet dieses Urteil wie folgt:

> »Es liegt darinn ein Reichthum von erhabnen und rührenden Ideen, von großen und neuen Bildern, von treffenden, feinen und tiefen Bemerkungen aufbewahrt, die mit Verwunderung gegen den Kopf in dem sie erwacht, und gegen den Geist erfüllen, welcher sie aufgefaßt und dargestellt hat. Man muß des Dichters innige Bekanntschaft mit der menschlichen Natur, die feine Nüancirung der Charactere, die interessante, lebendige Darstellung der verschiedenen Lagen durch welche er seine Helden führt, aufs innigste bewundern« (Grawe, S. 117).

Bewunderung zollt der Rezensent auch der von Schiller erfundenen Begegnung der Königinnen. Er hält diese Szene für notwendig:

> »Der Zweck warum der Dichter die beiden Königinnen zusammenbringt war kein anderer, als der Elisabeth noch ein bestimmtes Motiv zu geben, das Todesurtheil der Maria zu unterschreiben. Konnte dieses, sagt man nun, nicht auch erreicht werden, ohne daß sich die beiden Königinnen wie Fischweiber zankten? Ein Blick der Maria oder irgend eine andere Art konnte dieß ja eben so gut bewirken. Ich glaube, nein. Wenn die Elisabeth sehr stark gereitzt werden sollte so

waren ihre Eitelkeit und ihr Thron die beiden vorzüglichsten Punkte wo sie berührt werden mußte. Hier mußte also das geschminkte Gesicht und der Bastard am stärksten treffen. Hätte sich Maria mehr gemäßigt, so wäre sie eine Heuchlerinn geworden, denn sie war ein Weib, und zwar ein tief gekränktes Weib« (ebd., S. 117f.).

Der Verfasser einer in der *Eunomia* erschienenen Rezension, die sich auf die Berliner Aufführung der *Maria Stuart* bezieht, kritisiert die Figurengestaltung, hier insbesondere der beiden Hauptfiguren Maria und Elisabeth. Er hätte sich eine mehr unschuldige Maria gewünscht, denn, wenn das Handeln Elisabeths so motiviert gewesen wäre, dass »sie die Sicherheit ihres Lebens, ihres Reiches und der eingeführten Religion nur durch den Tod der *unschuldigen* Marie [hätte] erkaufen können«, so wäre »Marie als ein Opfer der Zeitumstände – des *Schicksals* – gefallen; sie verdiente [dann] um so mehr unser Mitleid, und Elisabeth nicht unsern Abscheu« (ebd., S. 124).

Neben die Rezensionen der Theaterfassungen für die ersten Aufführungen der *Maria Stuart* treten Kritiken, die sich ausschließlich auf die eigenständige Buchausgabe der Tragödie beziehen. Hinsichtlich der Erstausgabe der *Maria Stuart* als Buch findet man neben lobenden Passagen deutliche Kritik, die sich vornehmlich an der Abendmahlszene bzw. am vermeintlich überdehnten Schluss des Stückes festmacht. So fragt Garlieb Merkel (1769–1850) nach der Funktion der Abendmahlszene:

Rezensionen der Buchausgabe

»Es ist schwer zu errathen, was der Dichter mit dieser Scene wollte, die uns ja in Mariens Charakter keine neue Seite zeigt, und die der übrigen Handlung ganz fremd ist. Wollte er etwa dadurch, daß Maria auch ihren Beichtvater versichert, sie sei an dem Verbrechen, durch das man ihre Hinrichtung motivirt, unschuldig – wollt' er dadurch das Interesse für sie erhöhen? Wie unzählig viele eingreifendere Mittel als diese zwölf Seiten lange Scene standen ihm dazu zu Gebote. Aber darin gesteht sie ja auch hier noch einmal den Mord ihres Gemahls: und was ist uns nun ihre Unschuld an der versuchten Ermordung der Elisabeth? Das Gefühl richtet nicht nach menschlichen Formen und einzelnen Veranlassungen. Es folgt dem Rechtsgange der göttlichen Nemesis und sieht nach ei-

> nem lasterhaften Leben in einem leidvollen Ende nichts, als geübte Gerechtigkeit, welcher Umstand auch *dieses* Ende herbeiführen mag« (ebd.).

Merkel kreidet Schiller an, dass er nach der genialen, »eines Sophokles würdigen Szene«, in der Leicester »die einzelnen Vorgänge bei der Hinrichtung aufzählt, wie er sie fast unwillkürlich erlauscht« (ebd.), noch Szenen angehängt hat, die »statt dem Drama Vollendung zu geben, sie ihm rauben« (ebd., S. 129): »Mariens Tod füllte unsere Seele so ganz, daß es uns nicht einfallen konnte, noch über etwas weitere Belehrung zu wünschen« (ebd.).

Trotz dieses Einwandes urteilt er abschließend, dass es »eine sehr große Einheit der Handlung habe, eine vollkommne Einheit des Interesses: nur hört die eigentliche Handlung zu frühe auf; und ihre Verwickelungen werden nicht aufgelöst, sondern von außen her, durch den Meuchelmörder, zerrissen« (ebd., S. 129 f.).

In einer Rezension in der *Neuen Allgemeinen Deutschen Bibliothek* kritisiert deren Autor die Figurenkonzeption der Maria, indem er sie an der aristotelischen Forderung misst, dass der Held ein »handelndes, selbstständiges Wesen« sein müsse. Die Helden in Schillers Tragödie entsprächen eher der »neuesten tragischen Kunst«. Ihre »Thätigkeit [bestehe] mehrentheils im Handeln *wollen*, in Empfindungen und *langen* Reden« (Grawe, S. 131 f.). Wenn schon am *Wallenstein* der »Mangel an Handlung und Selbstthätigkeit« (ebd., S. 133) ins Auge fiel, gelte dies nun in noch gesteigerter Form:

> »Aber bey Maria Stuart ist nicht einmal *Kampf* und *Sträuben*, nicht einmal *Wille* zur Gegenwirkung; bloß *Resignation* und *unthätige Hoffnung*. Maria leidet nur, handelt durchaus *nicht*. Wir erfahren freylich, daß sie es *ehemals* gethan; aber dieß *ehemals* kann uns in einem Drama nicht für jetzt gelten. Wir müssen sie handeln *sehen*, nicht bloß uns *erzählen lassen*, was sie vorher gethan habe, wenn sie für uns ein ächter tragischer Charakter seyn sollte. Was sie *jetzt* etwa thut, geschieht mehr durch *fremde* Willkühr, als durch ihre eigene, und mehr auf *Überredung*, als durch Trieb in *ihr selbst*. Diesen Vorwurf abgerechnet hat der Dichter große Schönheiten in die Darstellung seiner Heldinn gelegt, die uns den Mangel

an Thätigkeit zwar nicht ersetzen; aber doch weniger empfinden lassen. Maria zieht uns auf manche Weise an, und wir ahnen, ein wieviel höherer tragischer Charakter sie in den Händen *dieses* Bildners geworden seyn würde, wenn es ihm beliebt hätte, sie uns *thätiger* und *handelnder* aufzuführen. Selbst Elisabeth hätte dabey gewonnen; Maria's gesetzlicher Mord wäre ihr dann mehr *abgedrungen* worden« (ebd., S. 133 f.).

Aus der Vielzahl der anlässlich der Buchausgabe von *Maria Stuart* erschienenen Kritiken ragt noch eine weitere, in der *Allgemeinen Literatur-Zeitung* veröffentlichte, heraus: Sie legt erstmals der Besprechung von Schillers Tragödie dessen ästhetische Theorie zugrunde und fragt nach jenen Bruchstellen zwischen den Forderungen dieser ästhetischen Theorie und den geschichtlichen Tatsachen, Maria Stuart betreffend. Der Rezensent stellt seiner Kritik folgende Passage aus Schillers Abhandlung *Über das Pathetische* voran:

Schillers ästhetische Theorie

»Der letzte Zweck der Kunst ist die Darstellung des Übersinnlichen, und die tragische Kunst insbesondere bewerkstelliget dieses dadurch, daß sie uns die moralische Unabhängigkeit des Menschen von den Naturgesetzen im Zustande des Affects versinnlicht [...] Das *erste Gesetz* der tragischen Kunst ist Darstellung der leidenden Natur, das zweyte ist die Darstellung des moralischen Widerstandes gegen das Leiden« (ebd. S. 134).

Der Rezensent wendet nun die zitierten Grundsätze auf Schillers Drama an. Zunächst, so sagt er, glaube man, dass der historische Stoff vieles von dem enthalte, was sich zur pathetischen Darstellung eigne, bei genauerem Hinsehen erweise sich jedoch, dass Marias Schicksal der pathetischen Darstellung große Widerstände entgegenbringe. »Der unglücklichen Königin Leiden« (ebd.,) sind letztlich doch »die Folge von einer Reihe thörichter, gesetzwidriger, frevelhafter Handlungen, ruchloser und frecher Missethaten [...], welche dem tragischen Mitleiden und der künstlerischen Stimmung überhaupt so ungünstig sind« (ebd., S. 134 f.). Marias Fanatismus für eine »heillose Religion« erstickt in ihr die »Gefühle der Natur« (ebd., S. 135), so dass Schiller diesen Fanatismus nicht nur als »verzeihlich, sondern selbst als edel und sittlich darstellen« muss (ebd.). Außerdem sind es das »Außerordentliche und Ungeheure in Maria's Verhängnisse«, die sich einer pathetischen Darstellung widersetzen, denn Schiller muss »das unermeßliche Elend fühlen lassen, unter welchem damals die Welt seufzte, und dessen ganze Last auf das unselige Haupt jener bejammernswerthen Fürstin zusammenstürzte« (ebd., S. 136). Schließlich muss Elisabeths Charakter so modelliert werden, dass ihr Entschluss, Maria hinrichten zu lassen, dem Zufall enthoben wird, denn »in dem Reiche der Kunst darf der Zufall nicht walten. Durchschaut der Verstand nicht klar die Ursachen von den Verknüpfungen der Ideen, welche die Einbildungskraft hervorbringt: so wird diese in ihren Bewegungen gehemmt« (ebd.). Unter Rückgriff auf Schillers ästhetische Theorie rechtfertigt der Rezensent auch die umstrittene Beicht- und Kommunionszene:

> »Das Eigenthümliche der Seelenstimmung, worin der Christ durch den Genuß des Abendmahls versetzt wird, besteht darin, daß er das Übersinnliche mit dem *Gefühle* ergreift. Ohne mit dem Christen den Glauben zu theilen, kann jeder Moralischgesinnte mit ihm die Andacht theilen. Diese andächtige Stimmung aber ist durchaus künstlerisch: [...] ist ja der Zweck aller Kunst *Darstellung des Übersinnlichen*. Alles wahrhaft Heilige ist wahrhaft schön« (ebd., S. 139).

Etablierung an den Theatern

Die Etablierung an den Theatern sollte *Maria Stuart* nach der Weimarer Uraufführung und den ersten Inszenierungen an anderen deutschen Theatern nicht sogleich gelingen. Es war immer wieder die Beichtszene, die Anstoß erregte und die man eliminiert sehen wollte. In Stuttgart musste gar die Szene, in der Leicester indirekt der Hinrichtung Marias beiwohnt, gestrichen werden, weil sie zu sehr die Nerven der Zuschauer angreife. Im katholischen Österreich sollte es sogar bis Ende Dezember 1814 dauern, bis der Kaiser dem Wiener Burgtheater die Erlaubnis erteilte, die *Maria Stuart* auf den Spielplan zu setzen.
Immer dann, wenn diese anfängliche Befangenheit gegenüber der Tragödie abgelegt wurde, konnte das Stück seinen Siegeszug an den deutschsprachigen Bühnen antreten. In Weimar erlebte es insgesamt 36 Aufführungen; nur *Don Karlos* (47) und *Wallen-*

steins Tod (38) zählten mehr Darbietungen. Zwischen 1814 und 1875 wurde das Stück am Burgtheater 144-mal gespielt; an den königlichen Theatern in Berlin wurde es zwischen 1801 und 1885 gar 268-mal gegeben und war damit nach dem *Wilhelm Tell* das meistgespielte Schiller-Stück.

Man wird den meisten Inszenierungen der *Maria Stuart* im 19. Jahrhundert unterstellen dürfen, dass die Regisseure zu einer routinierten Aufführungspraxis fanden, indem sie das Stück zu einem reinen Charakterstück, in dem zwei Schauspielerinnen brillieren konnten, vereinfachten und es gänzlich psychologisierten und entpolitisierten. *Maria Stuart* avancierte so zum Starrollendrama, mit dem gastierende Schauspielerinnen Mittel- und Kleinstadtbühnen bereisten.

Starrollendrama

Am Ende des 19. Jahrhunderts steht *Maria Stuart* gleichrangig mit *Wilhelm Tell* auf den Listen des ›Deutschen Bühnenspielplans‹. Noch in der Weimarer Republik behauptet Schillers Tragödie einen guten Platz im Theaterrepertoire, zumal es durch die Aufnahme in die schulischen Lehrpläne kanonisierten Status erhält.

Nationalsozialismus

»Das Bild ändert sich nicht während des Nationalsozialismus. *Maria Stuart* rangiert in den Aufführungszahlen des Deutschen Reiches an dritter Stelle, nach *Kabale und Liebe* und dicht nach *Wilhelm Tell*, weit vor *Wallenstein* oder gar der *Jungfrau von Orleans* und der *Braut von Messina*. Geändert hat sich auch nicht der Protest gegen das ›Unsittliche‹ in diesem Drama. Kleinbürgerliche, oft auch religiös begründete Abwehr gegen Schillers freieren Umgang mit Erotik und Sexualität versucht v. a. in den Anfangsjahren des Regimes, über die ›Prinzipien nationalsozialistischer Kunstanschauung‹ *Maria Stuart* als ›ungesund‹ unter Zensur zu stellen, scheitert aber am Widerspruch gegen solchen Provinzialismus: die bildungsbürgerliche Dominanz im Rezensentenwesen und Kulturbetrieb wurde auch unter dem Nationalsozialismus nicht gebrochen« (Herrmann, S. 126).

Alfred Noller

Nüchternheit in der Inszenierung der *Maria Stuart* scheint nach dem Zweiten Weltkrieg geboten zu sein. So streicht Alfred Noller, der die Tragödie 1951 in Kiel inszeniert, den Dramentext auf die Hälfte zusammen, indem er »schmückende Verkleidung«,

»weitschweifige Rhetorik«, den »rauschenden Jambenklang« aus dem Stück verbannt, es auf das »Wesentliche« abmagert, und dies Wesentliche ist – wie der Rezensent feststellt – das Gerüst der Handlung, die »Geschichte einer politischen Entscheidung«. Noller verzichtet nicht nur auf Text, sondern auch auf Personen (fünf Personen fallen dem Rotstift zum Opfer). Er lässt alles in einer Einheitsdekoration spielen und rafft die Handlung auf zwei Stunden »rasender Spielzeit« zusammen. Schillers Drama gerinnt so zur »Tragödie der Staatsraison« (Piedmont, S. 205 f.).

Nüchternheit ist wohl auch erstes Gebot bei der Inszenierung im Schiller-Theater Berlin 1952. Jürgen Fehling nähert dort die Schiller'sche Verssprache ganz der Prosa an, stellt das Satzgefüge um, lässt Rhetorik und Pathetik des dramatischen Gedichts überspielen. Fehling reduziert das Ideendrama, den Kampf der Ideen, der Mächte, der Prinzipien, auf den »Kontrast zweier Dulderinnen«, d. h. auch den Königinnen ist die »weibliche Überkraft« genommen: »Es gibt ein großes Individualitätenschauspiel« (ebd., S. 208).

Jürgen Fehling

Leopold Lindtberg macht aus *Maria Stuart* 1956 am Wiener Burgtheater ein Individualitätenschauspiel ganz anderer Art, indem er die Rollen von Elisabeth und Maria mit zwei großen Schauspielerinnen der damaligen Zeit besetzt: Paula Wessely und Käthe Dorsch, so dass die Inszenierung gerade durch diese Rollenbesetzung gewann, denn die Wessely galt ihrer Zeit als der verinnerlichte Typ, die Dorsch als der klar bewusste. Im Gegeneinanderspiel ihrer Rollen gewannen aber beide Schauspielerinnen, weil sie so vollkommen die Register all dessen beherrschten, was zum Metier gehört, den Typen Nuancen ab, als hätten sie die Rollen getauscht: Die Wessely spielte eine zuweilen fast arrogante, völlig zielbewusste Maria, die Dorsch eine einsame, enttäuschte, entscheidungsflüchtige Elisabeth.

Leopold Lindtberg

Aber auch für diese Inszenierung am Burgtheater gilt, was als gemeinsamer Zug der Inszenierungen des Schiller-Stücks für die 1950er-Jahre benannt wurde: Lindtberg bändigt das Pathos dergestalt, dass es weder zu Leerlauf noch zu läppisch unterspieltem Konversationston missrät, sondern als »reine, klassische Substanz spürbar wurde« (ebd., S. 209). Ein anderer Rezensent dieser Aufführung empfindet jedoch gerade diese Klassizität als substanzlos. Sie sage nur jenen etwas, die ihren Schiller um jeden Preis akkurat so wie ihre Großeltern haben wollten. Für ihn ist die Inszenierung »ohne Nerven, ohne Blut und ohne den Seelenstatus einer Zeit, die aus den Fugen ist, unserer Zeit, die auch [die Schillers] geworden ist« (Schwiefert).

Karl Heinz Stroux

Im selben Jahr inszeniert Karl Heinz Stroux im Düsseldorfer Schauspielhaus *Maria Stuart* offensichtlich so, dass man von der Aktualität betroffen war. Diese Gegenwartsbezogenheit und Modernität verdankt sich jedoch nicht einem Regievirtuosentum, sie ist nicht das Ergebnis »vorgefaßter Pläne, sie entspringt vielmehr der Intensität von Spielordnung und Darstellung. Der nachschöpferische Anteil des Regisseurs ist restlos auf Spiel und Spieler übergegangen, er drängt sich nicht als selbständiger Bravourakt zwischen Substanz und Form« (Piedmont, S. 213). Aktualität gewann Stroux' Aufführung wohl v.a. durch die Art, wie er die Figur der Elisabeth inszeniert hat:

> »Frau Wimmer freilich ist eine unheimliche Elisabeth, eine Königin und ein Weib von grandioser Faszination. Wie sie nach und nach alle Seiten ihres Wesens bloßlegt, die Ruchlosigkeit und den Idealismus, den Haß und die Bereitschaft zum Verzeihen, den Glauben an ihre Mission und die verzweifelte Skepsis, den Liebeshunger und die Menschenfeindschaft, wie das alles in jedem Augenblick zugleich wirksam ist – das macht ihre Darstellung zu einem erschütternden Symbol der Macht« (ebd., S. 213).

Gustaf Gründgens

Gustaf Gründgens erarbeitet am Deutschen Schauspielhaus in Hamburg 1959 eine Inszenierung, der es nicht an Aktualisierung liegt, sondern die ganz im Geiste Schillers angelegt ist, indem sie seine Dramenarchitektur respektiert und seine sprachliche Gestalt, die er dem Versdrama gegeben hatte, verwirklicht. Gründgens macht aus *Maria Stuart* das Kammerspiel, achtet die das Werk kennzeichnende Symmetrie im Aufbau, und gerade die bewusste Kargheit des Inszenierungsstils enthüllt »die Analysis des Tragischen sozusagen nachrechenbar« (ebd., S. 217). Gründgens legt bei seiner Inszenierung darauf größten Wert, dass beide Heldinnen in ein Gleichgewicht gebracht werden, keine für sich allein eine ›allgemeine Rührung‹ – wie sie Schiller forderte – ausschließlich beanspruchen kann. Hier begegnen sich in den beiden Königinnen nicht eine engelreine Dulderin auf der einen und eine eifersuchtszerfressene Megäre auf der anderen Seite. »Der Haß geiferte auf beiden Seiten« (ebd., S. 218). Maria (Antje Weisgerber) streift für eine gewisse Zeit die königliche Hoheit ab, sie ist ganz Weib, dem man seine verruchte Vergangenheit und seine Machtgier glaubt, Elisabeth (Elisabeth Flickenschildt) spielt die »Tragödie des Herrschens auf dieser Welt. Die Tragödie, die ihrer Gegnerin erspart blieb, aber nur erspart blieb, weil die Würfel des Mächtespiels gegen sie fielen« (ebd.).

Während Gründgens die kammerspielartigen Züge des Stückes nutzt, spielt Harry Buckwitz, die Dimensionen der Bad Hersfelder Freilichtbühne nutzend, *Maria Stuart* als ein »monumentales Kammerspiel« aus, das durch die Örtlichkeit der Freilichtbühne nicht ins Private abgleitet oder gar sich ins Romantische verirrt. Auch Buckwitz interessiert sich insbesondere für die Konstellation der beiden Königinnen und führt sie in simultan geschalteten Monologen der einsam Betenden und der durch Skrupel Gequälten zusammen.

Ehemalige DDR

In der ehemaligen DDR kommt es Mitte der 1960er-Jahre zu einer interessanten Konstellation, weil innerhalb eines Jahres gleich an zwei Bühnen *Maria Stuart* auf den Spielplan gesetzt wurde. Gotthard Müller führt bei der Aufführung im Staatstheater Dresden 1965 die Regie, wenige Monate später inszeniert es Karl Kayser am Schauspiel Leipzig (1966), wobei das interessante an der Doppelaufführung ist, dass »bei – im wesentlichen! – gleichem Text« (ebd., S. 221) in den Aufführungen doch zwei verschiedene Stücke realisiert werden. In Leipzig behält das Stück zu Recht den ihm von Schiller gegebenen Titel, in Dresden hätte es angemessener »Elisabeth von England« geheißen. Müller legt seiner Interpretation des Stückes den Gedanken zugrunde, dass »eine progressive Staatsmacht [hier verkörpert in Elisabeth] im Interesse ihres Volkes und der Festigung ihrer Ordnung zu einer Gewaltmaßnahme gezwungen wird« (ebd.). Für ihn ist Elisabeth eine Figur, der er, ohne groß in den Text einzugreifen, Glanz, Größe und Bedeutung verleiht. (Durch Besetzung und Charakteranlage fokussiert er die Sympathie der Zuschauer auf die Figur der Elisabeth.) Ihr gegenüber schrumpft

Maria zu einem von einer Gläubigkeit, einem naiven Gottvertrauen und für ihre Zeit schon anachronistisch wirkenden Empfinden gezeichneten mädchenhaften Geschöpf. Ihre Tötung ist unumgänglich, obwohl Maria nicht gefährlich werden kann, wenn man sie innerhalb eines politisch-reaktionären Intrigenspiels missbraucht.

Anders führt in seiner Inszenierung Kayser die beiden dramatischen Mittelpunktsfiguren. Beide sind »Exponenten der klaffenden Widersprüche einer antagonistischen Klassengesellschaft. Historisch notwendig ist der Untergang der Maria und historisch notwendig auch der Sieg der Elisabeth. Dennoch bleiben beide sittlich im Unrecht« (ebd.). Es ist unverkennbar, die marxistische Interpretation der Geschichte als einer Geschichte der Klassenkämpfe schreibt hier die Drameninterpretation vor, wie es auch in der zeitgenössischen literaturwissenschaftlichen Auseinandersetzung mit Schillers Drama nachweisbar ist (s. u.). Die Figur der *Maria Stuart* zeichnet der Regisseur entsprechend seiner Deutung nicht als sanftes, anmutiges Mädchen, sondern als eine Gestalt, die sich als »eine aktive, ungebrochene und politisch wissende Herrscherin auffasst« (ebd., S. 222).

Wilfried Minks

Einen gravierenden Einschnitt in der theatralischen Interpretation der *Maria Stuart* bedeutet Wilfried Minks' Inszenierung im Schauspielhaus Bremen (1972). Minks hat auch das Bühnenbild entwickelt, und dieses Bühnenbild als monumentales Symbol ist zugleich der Interpretationsansatz für die Inszenierung:

> »Der Vorhangprospekt zeigt ein dramatisches Seestück: aufgewühltes Meer, Gischt schäumt gegen kantige Felsen, gewitterdurchleuchteter Himmel. Zu Seiten der Vorbühne wuchert Knorpelwerk. Auf der nach hinten ansteigenden Schräge der Szenerie Bruchstücke historischer Architektur und Andeutungen von Landschaft, die im Hintergrund einmündet in eine Kette schroffer Berggipfel.«

Was leistet dieses Bühnenbild? Zum einen wird das Geschehen durch das Zitieren kunsthistorischen Materials aus verschiedensten Epochen in eine vage, auf keinen konkreten Zeitpunkt fixierbare Ferne gerückt – allenfalls könnte man von einer barocken Geschichtsinterpretation sprechen, »ein Materialkasten nicht zusammengehöriger, aber zusammenkommender Gegenstände« (ebd., S. 228). Zum anderen wird das »Streitobjekt, nämlich der Besitz der Länder England und Schottland, direkt auf die Bühne transponiert« (ebd., S. 225). Diese Intention nimmt Minks mit in die von ihm gestaltete Begegnung der beiden Königinnen im dritten Akt. England und seine Herrscherin sind hier bildlich eins geworden. Elisabeth, fast zehn Meter hoch über dem Bühnenboden, entwächst riesenhaft einem Berg, der zugleich ihre Staatsrobe ist. Die Schleppe bezeichnet die Landschaft, auf der Maria – winzig zu Elisabeth im Vergleich – sich bewegt. Elisabeth verkörpert Größe, Volksferne, Macht, Entrückung, Metaphysizierung. Der Inszenierung fehlten, so monierten damals die Rezensenten, der Bezug zum Heute und eine psychologische Motivation der Personen, stattdessen war es die Inszenierung einer in Bildern gedachten Prunkoper, eines »genialen Reißers« (ebd., S. 227), der durchaus die Nähe zum Kino sucht und Schillers ›aufeinander getürmte Wirkungen‹ ausschlachtet.

Es scheint, als habe Minks mit seiner Inszenierung dem Regietheater endgültig auch für dieses Stück den Weg geebnet, indem er als Bühnenbildner und Regisseur Elemente der Popart einbaute, um so ein neobarockes, mit surrealistischen Versatzstücken durchsetztes Historiendrama auf die Bühne zu bringen. Die Inszenierung galt als »Umfunktionieren« eines Klassikers und die radikale Revolutionierung überkommener Vorstellungen vom Theater (s. ebd., S. 229), wobei ihr aber gleichzeitig abzulesen ist, dass Minks sich »mit Vergnügen zu den musealen Zügen des historisch gewordenen Repertoires bekennt, keine Aktualisierung versucht, sondern nicht ohne geistreiche Ironie die historische Distanz kultiviert, oft bis hart an die Grenze der Denunzierung sakrosankter Werke« (ebd.).

Sechs Jahre nach dieser Inszenierung sollte, ebenfalls am Schauspiel Bremen, eine *Maria Stuart* unter der Regie von Nicolas Nicolas Brieger Brieger aufgeführt werden, der man gleichfalls nachsagte, sie sei ein »Manifest geworden: gegen ein bloß sittsam-kultiviertes, feige-ausgewogenes Theater« (ebd.). Brieger lässt seine Inszenierung mit einem Spektakel beginnen. Was bei Schiller Botenbericht ist, wird bei ihm in Szene gesetzt: ein Ritterspiel am Hofe der Elisabeth als zirzensische Ouvertüre. Elisabeth sieht dem

Treiben zunächst ungerührt zu, bis ein Seiltänzer zu Boden stürzt, da lacht sie auf, klatscht und verlässt vergnügt die Bühne. Ähnlich ungewöhnlich die Einführung der Maria. Sie liegt auf einem Sandhaufen, »räkelt sich, stöhnt, befingert sich«, bei »ihrer lustvollen Selbstquälerei ein hölzernes Kreuz zu Hilfe nehmend« (ebd., S. 230). Zu einem entsprechenden Spektakel steigert Brieger auch die Begegnung der beiden Königinnen:

> »Langsam, wie in Trance, schreiten die beiden Königinnen zur Rampe, keine wagt es, zur Seite zu blicken, die andere anzuschauen. Dann ein zögerndes, angstvolles Umwenden, ein endloses Anstarren, ein gelähmtes Schweigen. Dann, als seien sie Wesen von zwei verschiedenen Sternen, fassen die beiden einander ungläubig an, wie fassungslos jede, daß auch die andere ein Mensch ist aus Fleisch. Einen Moment lang scheinen sich Haß und Angst zu lösen, entsteht eine seltsame, schöne Schwesterlichkeit zwischen den beiden Frauen – die dann abrupt in Jähzorn wieder umschlägt: Elisabeth schleift die Stuart wie eine große Puppe über den Bühnenboden, schmiert ihr Lippenstift ins Gesicht, reißt ihr, höhnisch keifend, das Kleid von den Schultern. Dabei gelingt es Brieger tatsächlich, beide Seiten der Affäre zu beschreiben, die erhabene und die lächerliche: den Endkampf zweier Königinnen, das Gezänk zweier Dirnen« (ebd.).

Brieger macht in dieser Szene wie auch in der von Anfang an umstrittenen Mortimer-Szene deutlich, wie viel sexuelles Eifern, wie viel geschlechtliche Not sich in Schillers ekstatischer Rhetorik verbirgt. Die Tragödie wird in die Nähe des Schauerdramas gerückt; beide Genres vermischen sich bei Schiller kühn und unentwirrbar.

Ernst Wendt

Während Ernst Wendt in seiner Münchener Kammerspiel-Inszenierung den Schwerpunkt auf den Zweikampf zweier Königinnen als den Konkurrenzkampf zweier Schauspielerinnen (Cornelia Froboess als Maria; Doris Schrade als Elisabeth) setzt und bei diesem Konzentrationsvorgang den »Sinn für größere politische und dichterische Zusammenhänge« fehlen lässt, wie die Kritik monierte (s. Piedmont, S. 235), geht Ulrich Heising 1980 im Düsseldorfer Schauspielhaus mit einem ganz neuen, aber für die Zeit bezeichnenden Blick an Schillers Stück heran:

Ulrich Heising

»Obwohl in *Maria Stuart* zwei Frauen im Mittelpunkt der Handlung stehen, scheint auch Schillers Drama vom Kampf der Königinnen von jenem ›Fremden Blick‹ geprägt zu sein, den Männer für Frauen übrig haben. Aber die Geschichte der beiden Frauen, die in Wahrheit zwei Teile eines einstigen Ganzen sind, deckt zugleich auf, welchen Ursachen sich dieser fremde Blick der Männer, auch des Mannes Schiller, verdankt: der uneingestandenen Angst vor dem gänzlich Anderen. Am Verhalten der Männer, die die beiden Königinnen sich untertan machen, zeigt Schiller das Los der Frau in der patriarchalischen Gesellschaft: Männer modellieren Bild und Wesen der Frau nach Maßgabe eigener Wünsche und Ängste. Was sich dem widersetzt, wird gebändigt oder vernichtet. Die beiden Königinnen sind theatralisches Abbild der Nicht-Identität der Frau, der Trennung von Vernunft und Leidenschaft, von Geist und Körper, theatralisches Abbild der verlorenen Totalität, deren Verlust der Philosoph Schiller betrauert hat. Und dem Zueinanderstreben beider Teile, dem geheimen Wunsch beider Königinnen, die Einheit wiederherzustellen, steht ein gesellschaftliches System entgegen, das einzig nach dem Prinzip schierer Nützlichkeit, korrumpierter Vernunft funktioniert: die Welt der Männer, die Welt des Staates. So ist es naheliegend, daß in unserer Inszenierung, die der Schizophrenie in Schillers Trauerspiel nachspürt, beide Königinnen von Christa Berndl, also von einer Schauspielerin, gespielt werden« (ebd., S. 235 f.).

Heising legt seine Inszenierung so an, dass die Tragödie die Geschichte von der Unterwerfung der Frau in der bürgerlichen Gesellschaft erzählt. Die Darstellerin der Doppelrolle, Christa Berndl, entwickelt

Unterwerfung der Frau in der bürgerlichen Gesellschaft

»den doppelten Rollensturz, die Konfrontation eines Menschen mit sich selbst und seinen verschütteten Möglichkeiten aus einem Fieberwachtraum der gefangenen Maria. [...] Der Riß geht durch eine Person. Die Sinnlichkeit des süßen Luders Maria mit seinen geübten Verlockungskünsten korrespondiert mit Elisabeths amoralischem Behauptungswillen, geläuterte Leidenschaft mit der Arroganz einer Enttäuschten, mildverklärte Sanftheit mit der Kälte einer Vereinsamten.[...] Die als Utopie eingebrachte Einheit zweier Charaktere und Temperamente wird von Christa Berndl durch ähnliche Redeweise, Gestik, Gebärden als gegenwartsgewandte Sehnsucht aus dem Unterbewußten heraufgeholt. Die Psychiater-Couch auf einem ins Parkett ragenden Steg ist dafür ein überdeutlicher Hinweis« (ebd., S. 236 ff.).

Während Theaterkritiker das Experiment Heisings auch mit den Worten abtaten, hier werde Schiller zu einem Psychoreißer degradiert (s. ebd., S. 239), finden sie in Meisels aus dem Jahre 1981 stammender Inszenierung am Münchener Residenztheater eine Inszenierung vor, aus der noch ganz die »ungebrochene Hochachtung vor dem Erhabenen« (ebd., S. 240) spricht. Günter Krämer konzentriert sich dann 1982 mit seiner Inszenierung am Württembergischen Staatstheater nochmals ganz auf die Gestaltung der Frauenfiguren. Er lässt sie nicht als wirkliche Rivalinnen agieren. In der vierten Szene im dritten Akt führt er beide Frauen so zusammen, dass sie aus der Szene eine »Traum- und Liebesszene« gestalten. »Zwei Frauen bewegen sich verliebt, fasziniert aufeinander zu und beginnen zu tanzen wie in Trance« (ebd., S. 243). Wenn Elisabeth dann doch Maria demütigt, ist dies als Einbruch einer wesensfremden Rolle in die eigentliche« (ebd.) inszeniert. Beide Schauspielerinnen müssen ihre Rolle so füllen, dass sichtbar wird, dass sie gleichzeitig ganz außer sich sein, sich in den anderen Zustand hineinträumen können und dabei die Rollen und Zwänge, die ihnen auferlegt sind, mitspielen.

30 Jahre vor Rudolf Noeltes Inszenierung der *Maria Stuart* am Wiener Burgtheater hatte Lindtberg mit Wessely und Dorsch Schillers Stück als das Stück der Auseinandersetzung zweier großer Schauspielerinnen angelegt. Noelte kehrt nun (1984) an derselben Spielstätte aus der Tragödie den Aspekt einer Menschen mordenden Staatsintrige heraus, lässt also Schillers Tragödie wieder zu dem werden, was an ihr kurz nach dem Zweiten Weltkrieg schon als eigentlicher Kern herausgestellt worden war: das politische Stück.

1980er-/ 1990er-Jahre

In den 1980er- und 1990er-Jahren wurde es stiller um Schillers Tragödie; keine wirklich provokativen und zugleich neue Impulse setzenden Inszenierungen, die auf das Stück eine ganz neue

Sicht würfen, lassen sich verzeichnen. Wie in der Wiener Burgtheater-Inszenierung von Noelte experimentiert wohl noch einmal Gerd Heinz am Zürcher Schauspielhaus mit einer gegen die Zuschauererwartungen gerichteten Inszenierung der *Maria Stuart*, indem er mit Maria Becker und Agnes Fink die Rollen der Elisabeth und Maria mit zwei jeweils 66-jährigen Schauspielerinnen besetzt. Gegen Schillers Vorstellung, die Maria sei im Stück etwa 25 und auch Elisabeth solle durch eine junge Schauspielerin besetzt werden, durchbricht der Regisseur das Tabu, »sich ältere Frauen anders als erotisch verstummt und in der sinnlichen Attraktion kraß wertgemindert nicht denken zu dürfen« (Löffler, S. 20). Auch Heinz verlagert den Schwerpunkt auf das Politische, genauer auf das Machtpolitische, den Machtkonflikt und die Staatsaktion, während er die »erotischen Rencontres (mit Mortimer und Leicester) zugunsten der politischen beiseite wischt und das Verhältnis Mortimers zu Maria entsexualisiert und zu dem eines ideologischen Fanatikers zu seinem Idol umdeutet« (ebd., S. 21). Erotik ist bei den älteren Frauen keine Frage der Sexualität mehr, sondern eine Frage der Macht. Und diese ist keine Altersfrage. So inszeniert Heinz das Stück nicht nach dem alten Dualismus, wonach Elisabeth politische Gewalt und Maria die Macht der Liebe habe, jede aber auch den Status der anderen beansprucht, sondern er bricht dieses Schema mit seiner Besetzung auf und stellt die Machtfrage anders:

> »Man konnte sehen, daß zwei Königsfrauen in vorgerücktem Alter andere, vielleicht sogar aufregendere Passionen haben, als Thronansprüche entweder zu stellen oder sich allen Ernstes vor solchen zu fürchten. Sie gieren weniger nach Zukunft als nach Rechtfertigung ihrer jeweiligen Vergangenheit« (ebd.).

Während Elmar Goerdens 1998 in Stuttgart *Maria Stuart* als ein Stück der großen gegenseitigen Täuschungen spielen lässt, in dem die beiden Rivalinnen zu zwei »biestigen Verstellungskünstlerinnen« werden (Müller, S. 59), macht im selben Jahr Dietrich Hilsdorf in Düsseldorf aus der Tragödie eine »wiehernde Intrigensatire«, die mit Schillers Ideal kaum mehr etwas zu tun hat (Wilink 1998, S. 49). Maria ist in diesem Spiel zweier Frauen statt hoheitsvoll eher »schnippisch, lüstern, geil und gierig«, Elisabeth steht ihr dabei in nichts nach; auch sie ist »grell, gleichfalls geil, eine bullige, dolle Kokotte, kichernd und posierend, wie sie in ihrem eitlen London Hof hält und ihr betagtes Oberhaus kujoniert« (ebd.).

Jahr 2000

Zwei Inszenierungen im Jahr 2000 heben sich scharf voneinander ab. In Essen inszeniert Jürgen Bosse auf »gepflegte Weise, traditionsbewusst und psychologisch plausibel« (Finken, S. 6), wohingegen Fischers Inszenierung in Köln aus der *Maria Stuart* ein Stück jenseits des Lustprinzips macht:

> »Wie Leicester die Königinnen gegeneinander komplimentiert, so lanciert Fischer sein affektiv aufgeladenes, plakativ trumpfendes Arrangement bis zur allgemeinen Publikums-Überwältigung. Das Spiel am und mit dem Abgrund, es strudelt und trudelt bis zum Absturz« (Wilink 2000, S. 8 f.).

Eine wohl kalkulierte Architektonik beherrscht das Stück. Trotz der vielen Personen, die mitspielen, nähert sich das Drama der aristotelischen Forderung nach den drei Einheiten in vorbildlicher Weise, als wolle es gerade dadurch Klassizität erreichen: Die Einheit des Ortes ist gewährleistet: Das Drama spielt weitgehend in geschlossenen Räumen, im Schloss zu Fotheringhay, in Westminster; nur der dritte Akt, dessen Szenerie bezeichnenderweise ein Park ist, spielt außerhalb, in der ›freien‹ Natur. Die Einheit der Handlung ist gewährleistet, wenn man die Haupthandlung in der Hinrichtung Marias sieht, zu der sie bereits vor Beginn des Stückes verurteilt ist, nur fehlen noch die Einwilligung Elisabeths und der Vollzug. Die Zeit ist beschränkt. Sie erstreckt sich auf nur wenige Tage (vgl. Storz, S. 173). Drei Einheiten

Symmetrisch ist die Verteilung der Aufzüge auf die Hauptfiguren: Maria dominiert den ersten und den letzten Akt, Elisabeth beherrscht den zweiten und den vierten Akt; im dritten Akt muss – wegen des Symmetriezwangs – die Konfrontation der beiden Hauptgestalten erfolgen, er bildet gleichsam die Spiegelachse. Aber die symmetrische Anordnung geht noch weiter: Maria tritt in der zweiten Szene des ersten, Elisabeth dazu parallel in der zweiten Szene des zweiten Aktes zum ersten Male auf. Die Unterredungen mit den Vertrauten und das Gespräch mit Mortimer finden ihren jeweils identischen Platz in den beiden ersten Akten. »Auch szenische Kontraste gehorchen dem Prinzip geometrischer Ordnung. Burleighs schroffe Unfreundlichkeit gegenüber Maria, wie sie im spitzfindigen Disput von I,7 hervortritt, ist seiner hoffärtigen Rede in II,3 entgegengesetzt« (Alt, S. 497). Symmetrie

Was für die Figurenkonstellation gilt, ist auch in gleicher Weise für den Gesamtaufbau des Stückes festzustellen: Es bildet den Jahrzehnte später klassisch gewordenen, von Gustav Freytag in seiner *Technik des Dramas* (1863) aufgestellten Handlungsverlauf der Tragödie. Freytag knüpft dabei an bestimmte aristotelische Überlegungen an und entwirft ein System der dramatischen Gliederung, bei dem er sich an dem Typ des Konfliktdra- Gustav Freytag, *Technik des Dramas*

mas ausrichtet. Dies äußert sich darin, dass er zwar ähnlich wie Aristoteles die dramatische Handlung in zwei Hauptphasen unterteilt, diese aber als Folge von ›Spiel‹ und ›Gegenspiel‹ definiert, wobei jeweils die Handlungsführung in der ersten Phase beim Spiel (Hauptheld), in der zweiten beim Gegenspiel liegt – oder umgekehrt. Diese Antinomie vollzieht sich für Freytag in einer steigenden und fallenden Handlung, so dass das Drama einen pyramidalen Bau erhält. Er ist im Einzelnen durch fünf Teile gekennzeichnet: Erstens die Einleitung (Movens, in der *Maria Stuart* der erste Akt mit dem über Maria verhängten Gerichtsurteil, zugleich die Exposition, in der der vertrackte juristische Hintergrund aufzuhellen ist), die Einleitung schließt mit dem erregenden Moment (hier also die Frage, ob das über Maria verhängte Todesurteil ausgeführt wird oder nicht); zweitens die Steigerung (im zweiten Akt); drittens in der Begegnung der beiden Königinnen im dritten Akt die ›Peripetie‹, der Umschlag bzw. ›Höhepunkt‹; viertens eine Verzögerung der Handlung (= Retardation) im vierten Akt; schließlich fünftens im letzten Akt die Katastrophe.

Märtyrerdrama

Begreift man die Handlung als einen Läuterungsprozess, den Maria durchläuft und an dessen Ende sie gleichsam als Heilige dasteht, erkennt man, wie sehr sich Schiller am Schema des Märtyrerdramas, wenn auch in einer säkularisierten Form, orientierte. Denn der Stoff der *Maria Stuart* hatte schon für manche Märtyrertragödie des 17. und 18. Jahrhunderts herhalten müssen. Maria wurde dort als Ikone katholischen Märtyrertums mit konfessionell-propagandistischer Wirkung vorgeführt. Daneben gab es noch eine zweite Art der Dramatisierung des Stuart-Stoffes. Sie betonte die Gegnerschaft der beiden Königinnen, d. h., Elisabeth trat als Gegnerin Marias auf. Diese Konstellation erst ließ den Stuart-Stoff zu einem politischen Trauerspiel werden (s. Diecks, S. 233 ff.).

Politisches Trauerspiel

Schiller verbindet in seiner *Maria Stuart* Märtyrerdrama und politisches Trauerspiel: Der Märtyrertod wird angesichts der physischen Vernichtung zur errungenen Erfahrung der Freiheit bzw. des Erhabenen umgeschrieben. Zugleich ist Maria der lange im Verhängnis der Geschichte gefangen gehaltene Mensch, der den politischen Kräften ausgeliefert ist. *Maria Stuart* ist zum einen die Fortsetzung der ›schuldigen Unschuld‹, wie Adolph von Haugwitz sein 1683 in Dresden erschienenes Stuart-Trauerspiel nennt, zum andern führt Schiller den zeitgenössischen politischen Diskurs um die konstitutionelle Monarchie, um Staatsklugheit und die parlamentarische Verfasstheit in dramatischer Form weiter, indem er Elisabeth zur gleichwertigen Antagonistin aufwertet.

Nimmt man den in der *Maria Stuart* verhandelten politischen Diskurs ernst, spiegelt sich in Schillers Drama durchaus

> »die geschichtliche Krise, die für die Entstehung der modernen staatspolitischen Welt charakteristisch ist. Den Hintergrund bilden die [...] staatspolitischen und religiösen Umwälzungen der Reformations- und Gegenreformationszeit, aus denen das moderne Europa hervorgegangen ist. Eine alte Staatsordnung, die auf dem engen Bündnis zwischen traditioneller, autoritärer Monarchie und katholischer Kirche beruht, geht zu Ende oder wird jedenfalls für bankrott erklärt. Die Möglichkeit einer neuen Ordnung dämmert auf. In der *Maria Stuart* scheint diese neue Ordnung, die auf einem neuen Bündnis oder ›Gesellschaftsvertrag‹ basiert, sogar schon gegründet worden zu sein: wo die Macht des Monarchen also nicht von der Furcht, sondern von der Liebe des Volks garantiert würde, wo [...] der Herrscher selbst berichten könnte von einem ›gesittet fröhlich Volk, / Das sich, sooft ich öffentlich mich zeige, / Mit Segnungen um meine Sänfte drängt‹ (V. 1122 ff.)« (Lamport, S. 136).

Frage nach Legitimation von Herrschaft

Gert Sautermeister hat erkannt, dass Schillers Stück den historischen Ort markiert, an dem weder die Berufung auf das Gottesgnadentum des Monarchen noch das erbliche Prinzip der traditionellen Herrschaftslegitimierung ausreicht (s. Sautermeister 1971, S. 203). Dieses Thema der Französischen Revolution ist somit zugleich Thema der Schillerschen Tragödie. Marias Legitimitätsanspruch wird nicht von Schiller unterstützt, sondern vielmehr als eine Versuchung gezeigt, der sie zu ihrem Verderben unterliegt (s. Lamport, S. 142).

> »Maria ist ›verjagt von ihrem Volk, des Throns entsetzt, / Den sie mit schwerer Greueltat geschändet‹ (V. 99–100); selbst die getreue Kennedy muß ihr schweren Mißbrauch der geerbten

> Macht, Verachtung des Volks und des Gesetzes vorwerfen (V. 346 ff.). Den schottischen Thron hat sie verwirkt, und ihr Anspruch auf den englischen – mag Mortimer auch noch so viele ›Rechtsgelehrte‹ und ›alte Wappenbücher‹ (V. 526–7) konsultiert haben – ist erst recht aus solchen ›historischen‹ Gründen nicht zu beweisen [...]. In England scheint nämlich eine neue Zeit angebrochen zu sein, eine Zeit der Freiheit, Wahrheit und Gerechtigkeit; ›der spanischen Maria blutge Zeiten‹ (V. 102) sind vorbei, und die Liebe, die das englische Volk Elisabeth bezeugt, beweist wohl wirklich, daß die große Mehrheit des Volks diese Zeiten nicht zurückwünscht. Unter dem Druck der Umstände erweist sich Elisabeth aber als unempfänglich für den weisen moralischen Rat Shrewsburys, und am Ende kehren Unterdrückung, Betrug und Rechtsbruch wieder zurück. Darin könnte man weitere Parallelen zu Schillers eigner Zeit sehen« (ebd., S. 144).

Eigentlich hätte der Titel der Tragödie beide Figuren, Maria und Elisabeth, nennen können, denn ihre Auftritte sind quantitativ gleichmäßig verteilt: Auf Elisabeth entfallen 17, auf Maria 16 Auftritte. Sie sind Gegenspielerinnen auf dem Feld der Politik, das Schiller als jenen Bereich inszeniert, aus dem Maria schließlich mit erhabenem Widerstand heraustritt. Aber bis zum fünften Akt bleibt auch für Maria die politische Welt als Handlungsfeld geöffnet. Hier muss sie sich wie Elisabeth behaupten, wobei beide Figuren in das Dilemma einer Situation geführt werden, in der sich Privates und Öffentliches überschneiden und eben daraus die Konflikte entstehen.

Höfische Welt

Die höfische Welt ist die Welt auf einem »schlüpfrig glatten Grund« (V. 1664), die Welt der Verstellung, des Scheins und der Notwendigkeiten, denen sich Maria schließlich entzieht, indem sie aus freien Stücken in ihren eigenen Tod als Sühne für ihre Schuld einwilligt und so die metaphysische Freiheit selbst erlangt.

Am Hof herrschen – wie in einem Barockdrama – Täuschung und Verstellung, wobei, wer täuscht, selbst, ohne es zunächst zu merken, zu den Getäuschten gehört. Wer hier handelt oder nicht handelt, muss in Kauf nehmen, dass sein Handeln oder Nichthandeln ins jeweilige Gegenteil verkehrt wird. Die Zielgerichtetheit einer jeden Handlung kann sich wider sie selbst wenden.

Elisabeth beklagt sich mehrfach über die Notwendigkeit, unter die sie ihr Handeln gesetzt sieht: In ihrem ›Entscheidungs‹-Monolog (V. 3209 ff.) spricht sie es aus: »Die allgewaltige / Notwendigkeit, die auch das freie Wollen / Der Könige zwingt.« Burleigh erinnert Elisabeth zunächst noch an die »Stimme des Volkes« als die »Stimme Gottes« (V,3068), und Elisabeth ist zunächst bereit, sich der Volksmeinung zu unterwerfen. Andererseits gemahnt sie Schrewsbury an die Souveränität des absolutistischen Herrschers.

Widersprüchlichkeiten in der Figur der Elisabeth

Unter diese in der Figur der Elisabeth angelegten Widersprüchlichkeiten von konstitutioneller und absolutistischer Monarchie mengt sich außerdem die so problematische Verknüpfung von Öffentlichem und Privatem in der Figur der Herrscherin, denn

> »bei Schiller tritt eine Königin auf, die nicht nur Monarchin ist, sondern auch Mensch, und zwar eine Frau, die in der politischen Feindin zugleich ihre weibliche Rivalin sieht. Es geht hier um mehr als die seit Lessing geläufige Wendung, daß Könige nur als Menschen interessant sind. In Elisabeth ist eine Immoralität verkörpert, die nicht als Folge politischen Fehlverhaltens zu erklären ist – etwa: Elisabeth vermengt Staats- und Privatinteressen –, aber doch erst von der Politik und den durch sie favorisierten Machtstrukturen ermöglicht wird. In *Maria Stuart* steht nicht sosehr eine Herrschaftsform zur Diskussion, als vielmehr der *Gebrauch* von Herrschaft. [...] Wenn bei Schiller Elisabeth mit sich zu Rate geht – und nicht mit Gott, wie sie den Räten bedeutet hat! –, wird unverhüllt deutlich, daß bei ihrer Entscheidung: ›Ihr Haupt soll fallen. Ich will Frieden haben!‹ (IV,10) nicht das gemeine Beste den Ausschlag gibt, sondern Eigennutz und unverletzter Stolz. Sie benutzt das Gemeinwohl als Larve für ihre menschliche Rachgier« (van Ingen, S. 299).

Schillers Tragödie verlöre jedoch an Brisanz, wenn man Elisabeths Eigennutz, den sie mit politischen Motiven kaschiert, als ein Moment verstünde, das die politische Tragödie entschärfen würde. Im Gegenteil, »nicht die subjektiven Spiele der Leidenschaft, sondern deren objektive Folgen für den Staat bilden das Zentrum der Tragödie« (Alt, S. 499).

Prozess der polit. Aktion

Der Prozess gegen Maria hat damit nicht den Charakter eines

moralischen Strafgerichts, sondern einer politischen Aktion, deren fatale Züge darin liegen, dass Marias Schicksal ausschließlich von Elisabeth abhängt, obwohl deren faktisch und juristisch ungeteilte Herrschaft, anders als in der historisch gegebenen Situation, von einem Prozess der öffentlichen Meinungsbildung abhängig zu sein scheint. Unter diesem Aspekt öffnet sich Schillers Schauspiel zum zeitgenössischen politischen Diskurs, d.h. zum Diskurs der Macht, in dem in Maria die Frage nach der dynastisch begründeten Macht und in Elisabeth die Frage nach der vom Volk bzw. Parlament unterstützten oder gar der von diesen Institutionen abhängigen Macht gegeneinander gestellt werden.

> »Maria begründet ihre Einwände gegen die Unbilligkeit des juristischen Vorgehens konsequent als Vertreterin eines auswärtigen Staates: das Hochverratsgesetz dürfe auf sie nicht angewendet werden, weil es allein in England existiere; die juristische Praxis sehe die strikte Trennung von Zeugen englischer und schottischer Herkunft vor, was modellhaft für ihren Prozeß gelten müsse. Nicht zuletzt bemängelt Maria die schwankende Rechtsbasis des Urteils, das sich bei der Begründung des Verratsvorwurfs auf ein Gesetz stütze, das erst nachträglich festgeschrieben worden sei. Daß Maria im vollen Bewußtsein ihrer geschichtlichen Rolle, nicht aber als Privatperson argumentiert, erkennt man auch an der Vehemenz, mit der sie gerade die Unabhängigkeit der über sie zu Gericht sitzenden Lords in Zweifel zieht: ›Ich sehe diese würdgen Peers mit schnell / Vertauschter Überzeugung unter vier / Regierungen den Glauben viermal ändern.‹ (V. 784 ff.) Eine aufgeklärte Rechtsauffassung bekundet sich schließlich in Marias Vermutung, daß sie zum Opfer fehlender Gewaltenteilung werde: ›Wehe / Dem armen Opfer, wenn derselbe Mund, / Der das Gesetz gab, auch das Urteil spricht!‹ (V. 858 ff.) Die gefangene Königin erweist sich hier als Adeptin Montesquieus, wenn sie die Einheit von legislativer und juridikativer Macht als Merkmal einer zweifelhaften Rechtsordnung beschreibt« (Alt, S. 300 f.).

Die Problematisierung politischer Macht bestimmt auch die Figur der Elisabeth innerhalb des politischen Feldes, in dem sie agiert.

»Weil sie den uneingeschränkten Souveränitätsanspruch mit erzwungenen Rücksichten auf die öffentliche Meinung zu verbinden sucht, ohne die individuelle Autorität zur verantwortungsvollen Rollengestaltung zu besitzen, steht sie am Ende als politisch und menschlich Gescheiterte vor dem Tribunal des Publikums. Bezeichnet scheint dadurch das Dilemma einer politischen Aufklärung, die [...] mißglücken muß, wo sie nicht von hinreichend profilierten Persönlichkeiten getragen wird. Elisabeths Versagen beleuchtet hier einen prekären Zustand des Ordnungsverlusts in Zeiten des Umbruchs. Weder das traditionell gestützte Rollenbild unbedingter Souveränität noch das moderne Konzept der öffentlichen Partizipation an staatlicher Herrschaft werden sinnvoll ausgefüllt« (ebd., S. 504).

In den politischen Diskurs schiebt sich nun ein moralphilosophischer Diskurs ein, den Peter Schäublin akribisch untersucht hat. Marias Sittlichkeit manifestiert sich danach in ihrer Bereitschaft, durch ihren »unverdienten Tod« die »frühe schwere Blutschuld abzubüßen«, wie sie im Dialog mit Melvil sagt (vgl. V. 3729 ff.). Marias Wandlung zum »moralisch gebildeten Menschen« (Janz, S. 824) durch die Annahme ihres Todes vollzieht sich jedoch nicht in der Zeit, sie entzieht sich damit eigentlich der dramatischen Darstellbarkeit, so dass sie Schiller auch konsequent in die verdeckte Handlung, d. h. vor den Bericht dieser Veränderung durch Hanna Kennedy verlegt (vgl. V. 3402 ff.). In seiner Abhandlung *Über das Erhabene* hatte Schiller schon entsprechend formuliert:

Marias Sittlichkeit

»Nicht allmählich (denn es gibt von der Abhängigkeit keinen Übergang zur Freiheit), sondern plötzlich und durch eine Erschütterung reißt es den selbstständigen Geist aus dem Netze los, womit die verfeinerte Sinnlichkeit ihn umstrickte, und das um so fester bindet, je durchsichtiger es gesponnen ist. Wenn sie durch den unmerklichen Einfluß eines weichlichen Geschmacks auch noch so viel über den Menschen gewonnen hat, wenn es ihr gelungen ist, sich in der verführerischen Hülle des geistigen Schönen in den innersten Sitz der moralischen Gesetzgebung einzudrängen, und dort die Heiligkeit der Maximen an ihrer Quelle zu vergiften, so ist oft eine einzige erhabene Rührung genug, dieses Gewebe des Betrugs zu zerreißen, dem gefesselten Geist seine ganze Schnellkraft auf einmal zurückzugeben, ihm eine Revelation [Offenbarung] über seine wahre Bestimmung zu erteilen, und ein Gefühl seiner Würde, wenigstens für den Moment, aufzunötigen« (zit. n. Janz, S. 830).

Genau diese »Schnellkraft« hat Maria gewonnen, sie hat das Netz der Sinnlichkeit durchrissen, den schönen Schein hinter sich gelassen und sich in der erhabenen Rührung ihrer Moralität und damit ihrer Freiheit vergewissert, die nun in der Dramenhandlung nur noch in symbolischer Form ihre Darstellung finden kann: durch die Abendmahlszene. Die Wirkung des ›Tausches zwischen Zeitlichem und Ewigem‹ veranschaulicht aber auch die neu gewonnene Schönheit Marias.

Vergewisserung der Moralität und Freiheit

»Der innere Wandel Marias, die durch ihren erhabenen Entschluß die Freiheit erlangt hat, die das ›Sittlich-gute‹ symbolisierende Schönheit ›wirklich zu machen‹, wird dem Zuschauer und Leser schon am Anfang des letzten Aktes durch die Rückgabe der ihr entzogenen Kostbarkeiten und danach, in der sechsten Szene, durch ihre festliche Kleidung angedeutet« (Köhnke, S. 109).

Maria ist damit zwar keine »schöne Seele« geworden (s. Sautermeister 1971, S. 175), »denn das kann man nicht durch einen plötzlichen Entschluss werden, da es eine Charakterlage ist, wohl aber bewegt sie sich nun in einem Bereich des Schönen, dessen äußere Erscheinung auf die innere Haltung verweist« (Köhnke, S. 110). Und da Schiller, wie er an Goethe am 17. 8. 1795 schreibt, meint, das Christentum sei in seiner reinen Form Darstellung schöner Sittlichkeit oder der Menschwerdung des Heiligen und in diesem Sinn sei es die einzige ästhetische Religion, nimmt es nicht wunder, wenn sich Schiller einer ästhetisierten Form der Religion (Beichte u. Abendmahl) als Ausdrucksmittel in den als anstößig geltenden Szenen bedient.

Triumphales Ende

Trotz dieses triumphalen Endes der schönen und erhabenen Seele, am Ende ist *Maria Stuart* doch keine simple Gegenüberstellung, keine akkurate Antithetik: hier die ethisch geläuterte Triumphfigur, dort die erbärmliche Verbrecherin, hier die Heilige und Märtyrerin, dort der Theaterbösewicht Elisabeth.

Während Maria den geschichtlichen Raum transzendiert, muss sich Elisabeth dort bewähren. Was ihr in ihrer Doppelrolle als Königin und Frau versagt ist, weil es sich gegenseitig ausschließt, findet sie in Maria vorgeführt. Elisabeth ist eingepfercht in das höfische Rollenspiel, sie kann nicht sein, was sie sein will, diesen Konflikt muss sie in sich austragen, muss das höfische Spiel von Verstellung, Lug und Trug mitspielen. Sie darf nicht Frau sein, wo sie Frau sein will, denn sie hat eine noch ganz vom Patriarchat gestaltete Rolle als Herrscherin auszufüllen. Sie muss sich von Leicester hintergangen fühlen,

> »der, wie sie jetzt erfährt, mit Maria Stuart Billets doux tauschte, betrogen auch von ihrem vermeintlichen Vertrauten Mortimer, der Maria zu befreien suchte. Eben als die höchste Instanz im Lande ist sie verdammt, in einer höfischen Welt der Intrige zu leben, in der es kein Ich und Du gibt« (Guthke, S. 425).

Sie ist – so könnte man meinen und einige Inszenierungen der letzten Jahrzehnte spielen es entsprechend aus – die eigentlich ›tragische‹ Figur in dieser Tragödie, denn sie kann sich nicht der geschichtlichen Wirklichkeit entziehen, sondern muss handeln, obwohl sie das Dilemma bzw. die ›Ausweglosigkeit‹ ihrer Lage erkennt.

Elisabeth als ›tragische‹ Figur

Literaturhinweise

Schillers Quellen

»Die poetische Wahrheit besteht aber nicht darin, daß etwas wirklich geschehen ist, sondern darin, daß es geschehen konnte, also in der innern Möglichkeit der Sache« (Janz, S. 448). In diesem noch ganz an Aristoteles orientierten Sinne versteht sich Schiller als Verfasser historischer Dramen. Schiller, der Historiker und Dramatiker zugleich, hatte schon in seinem Aufsatz *Über die tragische Kunst* (1792) unmissverständlich gefordert, dass die Tragödie

> »die Macht, ja Verbindlichkeit [erhalte], die historische Wahrheit den Gesetzen der Dichtkunst unter zu ordnen, und den gegebenen Stoff nach ihrem Bedürfnisse zu bearbeiten. Da sie aber *ihren* Zweck, die Rührung, nur unter der Bedingung der höchsten Übereinstimmung mit den Gesetzen der Natur zu erreichen im Stand ist, so steht sie, ihrer historischen Freiheit unbeschadet, unter dem strengen Gesetz der Naturwahrheit, welche man im Gegensatz von der historischen die poetische Wahrheit nennt. So läßt sich begreifen, wie bei strenger Beobachtung der historischen Wahrheit nicht selten die poetische leiden, und umgekehrt bei grober Verletzung der historischen die poetische nur um so mehr gewinnen kann. Da der tragische Dichter, wie überhaupt jeder Dichter, nur unter dem Gesetz der poetischen Wahrheit steht, so kann die gewissenhafteste Beobachtung der historischen ihn nie von seiner Dichterpflicht lossprechen, nie einer Übertretung der poetischen Wahrheit, nie einem Mangel des Interesse zur Entschuldigung gereichen. Es verrät daher sehr beschränkte Begriffe von der tragischen Kunst, ja von der Dichtkunst überhaupt, den Tragödiendichter vor das Tribunal der Geschichte zu ziehen« (Janz, S. 272).

Für Schiller gilt bei der Konzeption seiner *Maria Stuart* auch noch Jahre später, wie er an Goethe schreibt (20. 8. 1799), »immer nur die allgemeine Situation, die Zeit und die Personen aus der Geschichte zu nehmen und alles übrige poetisch frey zu erfinden«. Aber trotz des Vorrangs der poetischen Wahrheit gegenüber der historischen bedeutet dies für Schiller nicht den Verzicht auf ein akribisches Quellenstudium. So auch bei *Maria Stuart*. Im Folgenden seien jene Quellen aufgeführt, mit denen er sich mit Sicherheit beschäftigt hat:

William Camden: *Annales rerum anglicarum et hibernicarum regnante Elizabetha ad annum salutis 1589* [Jahrbücher der englischen und schottischen Geschichte zur Zeit Elisabeths bis zum Jahre des Heils 1589], London 1615

George Buchanan: *Rerum Scoticarum historia ad Jacobum VI.* [Schottische Geschichte bis zu Jakob VI., König der Schotten], Amsterdam 1697

Pierre de Bourdeille: *Herr von Brantôme: Biographische Nachrichten von erlauchten Damen Frankreichs*, Jena 1795. (Allgemeine Sammlung historischer Memoirs vom 12. Jahrhundert bis auf die neuesten Zeiten. Hg. von Friedrich Schiller. 2. Abt., Bd. 10.) Darin: Maria Stuart, Königin von Schottland, ehemals auch von Frankreich, S. 66–106

Andre Du Chesne: *Histoire générale d'Angleterre, d'Ecosse et d'Irelande durant seize années jusque à Jacques I.* [Allgemeine Geschichte Englands, Schottlands und Irlands, während sechzehn Jahren bis Jakob I.], Paris 1614

De Rapin Thoyras: *Histoire d'Angleterre* [Geschichte Englands] Tom. 6, La Haye ²1733.

Paul von Rapin, Herr von Thoyras: *Allgemeine Geschichte von England mit Tintals und de St. Marc Anmerkungen*, hg. von S. J. Baumgarten, Bd. 5, Halle 1757

Wilhelm Robertson: *Geschichte von Schottland unter den Regierungen der Königin Maria und des Königes Jacob VI. bis auf dessen Erhebung auf den englischen Thron [...] In zween Bänden [...] übersetzt [...] mit einer Vorrede begleitet von Matthias Theodor Christoph Mittelstedt*, Braunschweig 1762

David Hume: *Geschichte von England, von dem Einfalle des Julius Cäsar bis auf Elisabeth*. Aus dem Englischen. 3. und 4. Bd. Breslau/Leipzig 1770/71

Johann Wilhelm von Archenholz: »Geschichte der Königin Elisabeth von England«. In: *Historischer Kalender für Damen für das Jahr 1790*. Von Archenholz und Wieland. Leipzig [1789], S. 1–189

Friedrich Gentz: »Maria Königin von Schottland«. In: *Taschenbuch für 1799*. Berlin [1798], S. 1–126

Neben dem intensiven Quellenstudium nimmt sich Schiller bei der Gestaltung seines Stückes »poetische Freiheiten« bzw. die »poetische Wahrheit« heraus. Dazu gehören die Verjüngung der beiden Königinnen, um sie attraktiver erscheinen zu lassen; sie waren 1587 bereits 45 (Maria) bzw. 54 Jahre (Elisabeth) alt. Mortimer ist eine ganz und gar freie Erfindung (allenfalls die von ihm geplante Befreiung wurde von dem Herzog von Norfolk 1571 ins Kalkül gezogen). Der Widerruf des Schreibers Kurl wie Leicesters Liebesbeziehung zu Maria finden ebenfalls in den Schiller zugänglichen historischen Darstellungen keine realhistorische Basis. Eine rein theatralische Erfindung ist wohl auch das Abendmahl. Ebenso weicht von der bezeugten Historie ab, dass Maria eine Mitschuld an der Ermordung ihres Ehemannes Darnley eingestand. Genau umgekehrt verhält es sich mit dem versuchten Attentat auf Elisabeth. Nach den Geschichtsdarstellungen ist Maria hier involviert, bei Schiller ist sie nicht verantwortlich.

Zu Schillers Gesamtwerk

Alt, Peter-André: *Schiller: Leben – Werk – Zeit.* 2 Bde., München 1999 u. 2000

Berghahn, Klaus L. (Hg.): *Friedrich Schiller. Zur Geschichtlichkeit seines Werkes*, Kronberg 1975

Buchwald, Reinhard: *Schiller.* 2 Bde., Frankfurt [5]1966

Burschell, Friedrich: *Friedrich Schiller in Selbstzeugnissen und Bilddokumenten*, Reinbek 1958

Cysarz, Herbert: *Schiller (1934).* Mit kritischem Nachwort, Tübingen 1967

Garland, Henry B.: *Schiller*, London 1949

Gerhard, Melitta: *Schiller*, Bern 1950

Kaiser, Gerhard: *Vergötterung und Tod. Die thematische Einheit von Schillers Werk*, Stuttgart 1979

Koopmann, Helmut: *Friedrich Schiller.* 2 Bde., Stuttgart [2]1977

–: *Schiller-Kommentar.* 2 Bde., München 1969

Kraft, Herbert: *Um Schiller betrogen*, Pfullingen 1978

Lahnstein, Peter: *Schillers Leben*, München 1981

Mann, Thomas: *Versuch über Schiller*, Frankfurt/M. 1955

Middell, E.: *Friedrich Schiller. Leben und Werk*, Leipzig 1980

Staiger, Emil: *Friedrich Schiller*, Zürich 1967

Storz, Gerhard: *Der Dichter Friedrich Schiller*, Stuttgart [4]1968

Wiese, Benno v.: *Friedrich Schiller*, Stuttgart 1959

Wilpert, Gero v.: *Schiller-Chronik. Sein Leben und Schaffen*, Stuttgart 1958

Zeller, Bernhard: *Schillers Leben und Werk in Daten und Bildern*, Frankfurt/M. 1966

Zu Schillers Dramen

Berghahn, Klaus L.: *Formen der Dialogführung in Schillers klassischen Dramen*, Münster 1970

–: »Das Pathetischerhabene. Schillers Dramentheorien«. In: *Deutsche Dramentheorien*, hg. v. Reinhold Grimm, Frankfurt/M. 1971, S. 214–244

–: »Zum Drama Schillers«. In: *Handbuch des deutschen Dramas*, hg. v. Walter Hinck, Düsseldorf 1980, S. 157–173

–: *Friedrich Schiller. Zur Geschichtlichkeit seines Werkes*, Kronberg 1975

Berghahn, Klaus L./Grimm, Reinhold: *Schiller. Zur Theorie und Praxis der Dramen*, Darmstadt 1972

Borchmeyer, Dieter: *Tragödie und Öffentlichkeit. Schillers Dramaturgie im Zusammenhang seiner ästhetisch-politischen Theorien und die rhetorische Tradition*, München 1973

Graham, Ilse: *Schiller, ein Meister der tragischen Form*, Darmstadt 1974

Hinderer, Walter (Hg.): *Schillers Dramen. Neue Interpretationen*, Stuttgart 1979

May, Kurt: *Friedrich Schiller. Idee und Wirklichkeit im Drama*, Göttingen 1948

Piedmont, Ferdinand (Hg.): *Schiller spielen. Stimmen der Theater-Kritik 1946–1985. Eine Dokumentation*, Darmstadt 1990

Sautermeister, Gert: *Idyllik und Dramatik im Werk Friedrich Schillers. Zum geschichtlichen Ort seiner klassischen Dramen*, Stuttgart 1971

Stahl, Ernest L.: *Friedrich Schiller's Drama. Theory and Practise*, Oxford 1954

Storz, Gerhard: *Das Drama Friedrich Schillers*, Frankfurt/M. 1938

Zu Maria Stuart

Beck, Adolf: »Schiller ›Maria Stuart‹«. In: *Das deutsche Drama vom Barock bis zur Gegenwart. Interpretationen*, hg. v. Benno von Wiese, Bd. 1, Düsseldorf 1958, S. 305–321

David, Claude: »Le Personnage de la reine Elisabeth dans la ›Maria Stuart‹ de Schiller«. In: *Deutsche Beiträge zur geistigen Überlieferung* 4 (1961), S. 9–22

Diecks, Thomas: »›Schuldige Unschuld‹: Schillers ›Maria Stuart‹ vor dem Hintergrund barocker Dramatisierungen des Stoffes«. In: *Schiller und die höfische Welt*, hg. v. Achim Aurnhammer, Klaus Manger, Friedrich Strack, Tübingen 1990, S. 233–246

Düsing, Wolfgang: »Klassische Tragödie und avantgardistisches Kurzdrama. Hildesheimers ›Mary Stuart‹«. In: *Kurzformen des Dramas. Gattungspoetische, epochenspezifische und funktionale Horizonte*, hg. v. W. Herget u. B. Schultze, Tübingen/Basel 1996, S. 322–337

Finken, Susanne: »Königinnen und andere Kommunikationskrüppel«. In: *Theater heute* 41 (2000), Heft 11

Frommer, Harald: »Lernziel: Leserolle. Ein Annäherungsversuch an Schillers Königin Elisabeth in Klasse 10«. In: *Der Deutschunterricht* 33 (1981), Heft 2, S. 60–80

Graham, Ilse: *Schiller's Drama. Talent and Integrity*, London 1974, S. 149–170

Grawe, Christian: *Erläuterungen und Dokumente. Friedrich Schiller ›Maria Stuart‹*, Stuttgart 1992

Guthke, Karl S.: »Friedrich Schiller ›Maria Stuart‹«. In: *Schiller-Handbuch*, hg. v. Helmut Koopmann, Stuttgart 1998, S. 415–441

Harrison, Robert: »Idealperfection and the Human Condition: Morality and Necessity in Schiller's ›Maria Stuart‹«. In: *Oxford German Studies* 20/21 (1991/92), S. 46–68

Hartmann, Horst: »Schillers ›Maria Stuart‹. Der Streit der Königinnen aus heutiger Sicht«. In: *Impulse. Aufsätze, Quellen, Berichte zur deutschen Klassik und Romantik* 8 (1985), S. 155–170

Henkel, Arthur: »Wie Schiller Königinnen reden lässt. Zur Szene III,4 in der ›Maria Stuart‹«. In: *Schiller und die höfische Welt*, hg. v. Achim Aurnhammer, Klaus Manger, Friedrich Strack, Tübingen 1990, S. 398–406

Herbst, Hildburg: »Herz, Seele und Gewissen. Aktualisierung eines historischen Stoffes in Schillers ›Maria Stuart‹«. In: *Ethik und Ästhetik. Werke und Werte in der Literatur vom 18. bis zum 20. Jahrhundert*, hg. v. Richard Fisher, Frankfurt/M. 1995, S. 235–245

Herrmann, Hans Peter/Herrmann, Martina: *Friedrich Schiller ›Maria Stuart‹*, Frankfurt/M. [2]1992

Ingen, Ferdinand van: »Macht und Gewissen: Schillers ›Maria Stuart‹«. In: *Verantwortung und Utopie. Zur Literatur der Goethezeit. Ein Symposium*, hg. v. Wolfgang Wittkowski, Tübingen 1988, S. 283–309

–: »›Maria Stuart‹. Friedrich von Gentz und Friedrich von Schiller«. In: *Ethik und Ästhetik. Werke und Werte in der Literatur vom 18. bis zum 20. Jahrhundert*, hg. v. Richard Fisher, Frankfurt/M. 1995, S. 247–257

Kipka, Karl: *Maria Stuart im Drama der Weltliteratur vornehmlich des 17. und 18. Jahrhunderts. Ein Beitrag zur vergleichenden Literaturgeschichte*, Leipzig 1907

Klotz, Volker: »Kronen und lange Haare«. In: Klotz, Volker: *Kurze Kommentare zu Stücken und Gedichten*, Darmstadt 1962, S. 7–14

Köhnke, Klaus C.: »Schillers ›Maria Stuart‹ – philosophische Theorie und dramatische Praxis«. In: *Schiller heute*, hg. v. Hans-Jörg Knobloch u. Helmut Koopmann, Tübingen 1996, S. 99–113

Lamport, Francis John: »Krise und Legitimationsanspruch. ›Maria Stuart‹ als Geschichtstragödie«. In: *Zeitschrift für deutsche Philologie* 109 (1990), Sonderheft, S. 134–145

Leipert, Reinhard: *Friedrich Schiller ›Maria Stuart‹*, München 1991

Leistner, Bernd: »›Ich habe deinen edlen Teil nicht retten können‹. Zu Schillers Trauerspiel ›Maria Stuart‹«. In: *Zeitschrift für Germanistik* 2 (1981), S. 166–181
–: »›Maria Stuart‹-Inszenierung«. In: *Weimarer Beiträge* 27 (1981), S. 107–115
–: »Leiden und Läuterung. ›Maria Stuart‹«. In: *Schiller. Das dramatische Werk in Einzelinterpretationen*, hg. v. H.-D. Dahnke u. B. Leistner, Leipzig 1982, S. 167–192
Löffler, Sigrid: »Wider die Männerphantasien«. In: *Theater heute* 27 (1986), Heft 7
Loewen, Harry: »The End of the Beginning. The Nature of Maria Stuart's Transformation«. In: *Seminar* 15 (1979), S. 165–180
Lokke, Karl: »Schiller's ›Maria Stuart‹: the Historical Sublime and the Aesthetics of Gender«. In: *Monatshefte für deutschen Unterricht, deutsche Sprache und Literatur* 82 (1990), S. 123–141
Luserke, Matthias: »Kommentar zu Maria Stuart«. In: Friedrich Schiller: *Werke und Briefe in zwölf Bänden.* Band 5: *Dramen IV.* Hg. v. Matthias Luserke, Frankfurt/M. 1996, S. 536–597
Müller, Christoph: »Schwere Kunst der Täuschung«. In: *Theater heute* 39 (1998), Heft 2
Port, Ulrich: »›Künste des Affekts‹. Die Aporien des Pathetischerhabenen und die Bildrhetorik in Schillers ›Maria Stuart‹«. In: *Jahrbuch der deutschen Schillergesellschaft* 46 (2002), S. 134–159
Pütz, Peter: »Nähe und Ferne zur Antike: ›Iphigenie‹ und ›Maria Stuart‹«. In: *Unser Commercium. Goethes und Schillers Literaturpolitik*, hg. v. Wilfried Barner u. a., Stuttgart 1984, S. 289–304
Ross, Werner: »Der Streit der Königinnen«. In: *Wirkendes Wort* 5 (1954/55), S. 356–362
Sautermeister, Gert: »›Maria Stuart‹. Ästhetik, Seelenkunde, historisch-gesellschaftlicher Ort«. In: *Interpretationen – Schillers Dramen*, hg. v. Walter Hinderer, Stuttgart 1992, S. 280–335
Schäublin, Peter: »Der moralphilosophische Diskurs in Schillers ›Maria Stuart‹«. In: *Sprachkunst* 17 (1986), S. 141–187
Schlaffer, Hannelore: »Widerstände gegen Klassikerlektüre – Ein Unterrichtsmodell zu Schillers ›Maria Stuart‹«. In: *Projekt Deutschunterricht 7. Literatur der Klassik I: Dramenanalysen*, hg. v. Helmut Die und Bodo Lecke in Verbindung mit dem Bremer Kollektiv, Stuttgart 1974, S. 125–161
Schultz, H. Stefan: »›Moralisch unmöglich‹. Zu einer Briefstelle Schillers über die Begegnung der beiden Königinnen in ›Maria Stuart‹«. In: *Untersuchungen zur Literatur als Geschichte. Festschrift für Benno von Wiese*, hg. v. Vincent J. Günther u. a., Berlin 1973, S. 85–91
Schwiefert, Fritz: »Schiller auf dem Felsen. ›Maria Stuart‹ im Schiller-Theater – Gastspiel der Wiener Burg«. In: *Der Tagesspiegel*, 3. 10. 1957

Storz, Gerhard: »Friedrich Schiller ›Maria Stuart‹«. In: *Interpretationen. Deutsche Dramen von Gryphius bis Brecht*, hg. von Jost Schillemeit. Bd. 2, Frankfurt/M. 1965, S. 172–184

Thalheim, Hans-Günther: »Schillers Dramen von ›Maria Stuart‹ bis ›Demetrius‹«. In: *Weimarer Beiträge* 20 (1974), S. 5–33 u. 99–130

Wilink, Andreas: »Königin im Zwinger«. In: Theater heute 39 (1998), Heft 8/9

–: »Jenseits des Lustprinzips«. In: *Theater heute* 41 (2000), Heft 11

Witte, William: »Schillers ›Maria Stuart‹ and Mary, Queen of Scots«. In: *Stoffe, Formen, Strukturen. Studien zur deutschen Literatur. Festschrift für Heinrich Borcherdt*, hg. v. Albert Fuchs u. Helmut Motekat, München 1962, S. 238–250

Wittkowski, Wolfgang: »Können Frauen regieren? Schillers ›Maria Stuart‹: Poesie, Geschichte und der Feminismus«. In: *Orbis litterarum* 52 (1997), S. 387–409

Zu Schillers theoretischen Schriften

Schiller, Friedrich: *Theoretische Schriften*, hg. v. Rolf-Peter Janz, Frankfurt/M. 1992 (= Friedrich Schiller: *Werke und Briefe in zwölf Bänden*, Bd. 8)

Wort- und Sacherläuterungen

Elisabeth: Sie wurde am 7.9.1533 in Greenwich als Tochter 8.2
Heinrich VIII. (1491–1547) und Anna Boleyns (1507–1536) geboren. Sie verlor durch deren Scheidung nach kath. Auffassung ihre Legitimität, jedoch ermöglichte ihre Einordnung in die Thronfolge durch Parlamentsbeschluss (1544) hinter Eduard VI. (1537–1553) und Maria der Katholischen (1516–1558) die Thronbesteigung am 17.11.1558. Hochgebildet und in europ. Sprachen bewandert, formulierte sie zusammen mit ihrem Berater Lord Burghley (1520–1598) eine Politik, die entscheidend für den Aufstieg Englands wurde. Weniger aus religiösen als aus polit. Gründen unternahm sie in Gestalt der Supremats- und Uniformitätsakte 1559 (der König ist nunmehr weltliches und geistliches Oberhaupt zugleich; Einführung einer einheitlichen Liturgie in der anglikanischen Kirche) mit einer Art nationalprotestantischer Sammlungspolitik einen wichtigen Schritt zur Konsolidierung des religiös und innenpolitisch gespaltenen Landes. Durch die damit erfolgte Wiederherstellung der anglikanischen Kirche und die gleichzeitige Intervention zugunsten der Protestanten in Schottland (1559/60) trat sie dem span. Universalanspruch auf ein kath. Europa und der Gegenreformation mit einem gefestigten protest. Staat entgegen. Dies brachte England in unversöhnlichen Gegensatz zum Spanien Philipps II. (1527–1598), dessen Eheangebot Elisabeth ablehnte, und rief innenpolitische Krisen hervor, als sich seit 1580 erneut eine kath. Opposition bildete. Deren Zentrum war Maria Stuart, die nach der engl. Intervention aus Schottland geflohen war und kontinentalen Mächten als Werkzeug gegen Elisabeth diente. Obwohl Elisabeth mit der Unterstützung der aufständischen Niederlande und des engl. Freibeuterkrieges Spanien zunehmend reizte, gelang es ihr unter Ausnutzung der kontinentalen Rivalitäten, den offenen Konflikt hinauszuzögern und unterdessen den engl. Staat und ihre eigene Position weiter zu festigen. Nachdem das Parlament Maria Stuart gegen Elisabeths Willen hatte hinrichten lassen (1587), endeten die ständigen kath. Aufstände und Mordanschläge. Dennoch hinterließ Elisabeth einen durch Krie-

ge, Missernten und Arbeitslosigkeit erschöpften Staat, den ihre Nachfolger nur mit allg. Steuern sanieren konnten, zu deren Bewilligung sich das Parlament gegen eine Ausdehnung seiner polit. Privilegien bereit erklärte. Kurz vor ihrem Tod (24. 3. 1603) bestimmte sie den schott. König Jakob, den Sohn Maria Stuarts, zu ihrem Nachfolger.

8.3 **Maria Stuart**: Sie wurde in Linlithgow (Lothian Region, Schottland) am 7. oder 8. 12. 1542 als Tochter Jakobs V. (1512–1542) und der Maria von Guise geboren; in Frankreich erzogen, seit 1558 verheiratet mit dem späteren König Franz II. (1544–1560) von Frankreich. Nach dessen Tod kehrte sie 1561 nach Schottland zurück, wo die protest.-nationale Partei unter Führung ihres Stiefbruders, des späteren Earl of Murray, 1560 die Errichtung der reformierten Staatskirche durchgesetzt hatte. Religionspolitisch zunächst neutral, war Maria Stuart als Urenkelin Heinrichs VII. um Durchsetzung ihres von Frankreich unterstützten Anspruchs auf den engl. Thron bemüht. Die Eheschließung mit ihrem kath. Vetter, Lord Darnley (1545–1567), am 29. 7. 1565 gab Anlass zu einem Aufstand der protest. Lords; nach dessen Niederwerfung plante Maria Stuart die Rekatholisierung ihres Landes und ein bewaffnetes Vorgehen gegen England. Ihr wichtigster Helfer, der Sekretär David Riccio, wurde auf Betreiben des Adels mit Wissen Darnleys ermordet. Nach der Geburt des späteren Jakob I. (von England) verständigte sich Maria mit den Adligen; daraufhin wurde Darnley im Februar 1567 ermordet. Im Mai heiratete Maria Stuart nach protest. Ritus den von einem Gericht freigesprochenen, aber allg. als Mörder Darnleys geltenden Earl of Bothwell (1536–1578). Nach einem gegen Bothwell gerichteten Adelsaufstand musste Maria Stuart zugunsten ihres Sohnes abdanken. Sie flüchtete im Mai 1568 in der Hoffnung auf die königl. Solidarität Elisabeths nach England und wurde auf Rat von Baron Burghley in Haft genommen, wenn auch nicht für schuldig befunden. Sie war in mehrere Verschwörungen verwickelt, zuletzt in jene Anthony Babingtons (1561–1586), nach deren Entdeckung sie zum Tode verurteilt wurde. Am 8. 2. 1587 wurde sie, Königin von 1542–1567, in Fotheringhay Castle hingerichtet.

Zum Verhältnis von Maria und Elisabeth schreibt Schiller in

einem Brief: »Weil mir alles daran liegt, daß Elisabeth in diesem Stück noch eine junge Frau sey, welche Ansprüche machen darf, so muß sie von einer Schauspielerin, welche Liebhaberinnen zu spielen pflegt, dargestellt werden. [...] Maria ist in dem Stücke etwa 25 und Elisabeth höchstens 30 Jahre alt« (NA 30, Nr. 199, S. 164). Die hist. Elisabeth ist zum Zeitpunkt, wo die Dramenhandlung einsetzt (1587), 53 Jahre, Maria 44 Jahre alt.

Robert Dudley: 1532–1588; seit 1564 Earl of Leicester; engl. 8.5
Offizier, seit 1559 Favorit Elisabeths I., konnte die angestrebte Ehe mit ihr nicht erreichen; 1586/87 Oberbefehlshaber der Hilfstruppen, mit denen England die Niederlande gegen Spanien unterstützte, blieb aber ohne militärische Erfolge.

Georg Talbot: 1528(?)–1590; er war von 1569–1584 der Auf- 8.6
seher Maria Stuarts; seine Rolle als Verteidiger Marias ist Schillers Erfindung.

Wilhelm Cecil: 1520–1598; Mitglied des Unterhauses seit 8.7
1543, seit 1571 im Oberhaus. Seine Karriere begann Burghley als Protegé des Herzogs von Somerset (ca. 1500–1552, enthauptet), Lordprotektor Edwards VI. (1537–1553), der ihn 1548 zum Staatssekretär ernannte. Als Gegner der Erhebung der Jane Grey (1537–1554, enthauptet) trat Burghley von allen Staatsämtern zurück. Er stand in geheimer Verbindung mit Elisabeth I., deren Thronbesteigung (1558) er betrieb. Sie ernannte ihn wieder zum Staatssekretär, 1572 zum Großschatzmeister; er bestimmte als erster Minister und Berater Elisabeths die engl. Politik. Burghley hatte wesentlichen Einfluss auf die volle Durchsetzung des Protestantismus in England sowie auf die auswärtige Politik, insbesondere auf den Widerstand gegen Spanien und die von ihm drohende Rekatholisierung.

Graf von Kent: Henry Grey (1541–1615), Baron von Ruthyn. 8.9

Wilhelm Davison: Ca. 1541–1608; eigentl. William Davison; 8.10
Staatssekretär, der nach der Hinrichtung Maria Stuarts in Ungnade fiel.

Amias Paulet: Ca. 1536–1588; Gouverneur der Kanalinseln; 8.11
engl. Botschafter in Frankreich; als Aufseher Marias seit 1585 eingesetzt.

Mortimer: Von Schiller frei erfundene Person. 8.12

Graf Aubespine: Von Schiller frei erfundene Person. 8.13

8.14 **Graf Bellievre**: Von Schiller frei erfundene Person.

8.16 **Okelly**: Von Schiller frei erfundene Person.

8.17 **Drugeon Drury**: Ca. 1531–1617; eigentl. Sir Drue Drury, seit 1586 als zweiter Aufseher Maria Stuarts neben Paulet eingesetzt.

8.18 **Melvil**: Sir Andrew Melvil; einer von vier Brüdern (genannt ›the loyal Melvils‹), die sich Maria Stuart gegenüber loyal verhielten.

8.19 **Burgoyn**: In Schillers Quellen finden sich andere Schreibweisen: ›Burgoyne‹, ›Burgonius‹, ›Bourgyong‹, ›Bourgoin‹.

8.20 **Hanna Kennedy**: Maria Stuarts vertrauteste Kammerfrau; Schiller machte sie, um das Verhältnis noch enger zu gestalten, zu deren Amme.

8.21 **Margaretha Kurl**: Eigentlich Barbara Curle, seit 1584 in Marias Diensten, seit 1585 mit Marias Sekretär Gilbert Curle verheiratet.

8.22 ***Sheriff der Grafschaft***: Königl. Rechtsbeauftragter, der die Gerichtsbarkeit vertrat und die Exekutive repräsentierte. Zu seinen Aufgaben gehörte, Verhaftungen vorzunehmen, Strafen anzuordnen und zu vollziehen, Steuern einzutreiben.

vor 9.1 ***Schloß zu Fotheringhay***: Das in Northamptonshire, ca. 100 km nördlich von London gelegene, alte Schloss des Hauses York, das unter den Tudor-Herrschern als Staatsgefängnis genutzt wurde. Maria Stuart wurde hier seit dem 15.9.1586 bis zum Tag ihrer Hinrichtung festgehalten.

vor 10.18 ***Ressort***: Hier: ein (Geheim-)Fach, das sich durch eine Springfeder öffnen lässt.

10.19 **Lilien von Frankreich**: Drei goldfarbene Lilien (früher stilisierte Speerspitzen) auf blauem Grund sind seit dem 12. Jh. das Wappen des franz. Königshauses.

10.32 **Himmeldecke**: In den Quellen wird mehrfach bezeugt, dass im November 1586 ein Baldachin über Marias Stuhl entfernt wurde.

10.35 **grobem Zinn**: Statt aus edleren Metallen wird Maria ein einfaches Tischgeschirr vorgesetzt.

10.37 **So speiste [...] ihren Gatten**: Wie Buchanan und Rapin – zwei von Schiller benutzte Quellen – berichten, zog sich Marias Mann, Henry Stuart (Lord Darnley), nach der Taufe des zukünftigen Thronfolgers Jakob I. zu seinem Vater nach Glasgow zurück und blieb den Feierlichkeiten fern. Darüber soll Maria so erzürnt gewesen sein, dass sie sein silbernes Tafelgeschirr durch zinnernes ersetzen ließ. Sterlyn ist der Sitz auf Stirling Castle in der Nähe von Edinburg.

Buhlen: Liebhaber; gemeint ist David Riccio, der im Gefolge des Gesandten von Savoyen 1561 nach Schottland kommt und 1564 von Maria als Sekretär eingestellt wird. »Als politischer Günstling von niedriger Geburt, ausgestattet mit erheblicher Macht und offenbar bestechlich, erregt er den immer heftigeren Unwillen des schott. Adels und die Eifersucht des Königs. [...] Im Beisein der schwangeren Königin wird Riccio am 9.3.1566 von Darnley und einigen Adligen ermordet« (Grawe, S. 55). 10.38

in der Wiege Königin schon war: Wenige Tage nach der Geburt Marias (8.12.1542) verstarb ihr Vater (12.12.), so dass sie bereits am fünften Tag nach ihrer Geburt Königin war. 11.47

Hof der Medizäerin: Gemeint ist der franz. Hof, der im Wesentlichen von Katharina von Medici (1519–1589) dominiert wurde. Sie, die Witwe Heinrichs II., bestimmte ausschlaggebend die franz. Politik, wozu ihre Söhne zu schwach waren (Franz II., Marias Mann; Karl IX. und Heinrich III). Maria hielt sich von 1548 bis 1561 in Frankreich auf. 11.48

lehrt: In den Bühnenmanuskripten heißt es ›lernt‹. 11.52

Doch wußte sie: Durch geschmuggelte Korrespondenz mit dem Ausland, die Maria bis 1586 unterhalten konnte. Allerdings wurde die Korrespondenz ohne das Wissen Marias von den Engländern entschlüsselt und konnte schließlich im Prozess gegen sie verwendet werden. 11.64

Parry und den Babington: William Parry, kath. Rechtsgelehrter, hatte in Frankreich mit Marias Botschafter Morgan den Plan gefasst, Elisabeth zu ermorden. Nach England zurückgekehrt, sogar Parlamentsmitglied geworden, wurde Parry 1584 von einem Kollegen angeklagt, verhaftet und noch im Jahr 1585 hingerichtet. Anthony Babington (1561–1586) führte eine Gruppe junger Katholiken an, die, unter dem Einfluss von Marias Botschafter in Frankreich und dem Priester John Ballard beschlossen, Elisabeth zu beseitigen, um Maria mit span. Hilfe auf den engl. Thron zu setzen. Das Komplott wurde von Minister 11.70

Walsingham aufgedeckt, Babington im August 1586 verhaftet, verurteilt und hingerichtet (gevierteilt). Der engl. Geheimdienst wusste von dem geplanten Anschlag von Anfang an, der heimliche Briefwechsel zwischen Maria und Babington, in dem von dem Anschlag die Rede war, war ihm bekannt und konnte gegen beide verwendet werden.

11.73–75 **Norfolk […] Henkerbeil**: Thomas Howard (1536–1572), Herzog von Norfolk, war höchster Aristokrat Englands. Wegen seiner umfangreichen Ländereien im Norden Englands war er, obwohl Protestant, Führer dieses vorwiegend kath. Landesteils. Er plant 1568, Maria zu heiraten, »was Elisabeth untersagt, da die Heirat Maria als nicht offiziell anerkannte Thronfolgerin mit einer bedenklichen Macht versehen und den Katholizismus gestärkt hätte. Als Norfolk seine Pläne weiterverfolgt und im Tower gefangen gesetzt wird, erhebt sich der Adel des Nordens, um Maria zu befreien. Der Aufstand schlägt fehl. Norfolk wird im Herbst 1570 entlassen, verstrickt sich aber 1571 wieder in ein Unternehmen zur Befreiung Marias und wird nach erneuter Gefangenschaft im Juni 1572 hingerichtet« (Grawe, S. 57).

12.84 **Helena**: Anspielung auf Marias Schönheit, denn Helena, Tochter des Zeus und der Leda, Gattin des Menelaos, entführt von Paris aus Sparta und so der Anlass für die Fahrt der Griechen nach Troja, galt in der griech. Antike als die schönste Frau.

12.89 **Verwandten**: Elisabeth ist Enkelin, Maria Urenkelin Heinrichs VII. von England, Elisabeth ist also Marias Tante.

12.102 **Der spanischen Maria**: Die ältere Halbschwester Elisabeths und deren Vorgängerin auf dem Thron (1553–1558). Die ›Spanische‹ hieß sie, weil sie mit Philipp II. von Spanien (1527–1598) verheiratet war. Sie hatte den Katholizismus in England wieder eingeführt.

12.105–106 **Edimburger Vertrag**: Nach dem auf den 6.7.1560 datierten Vertrag wäre Maria verpflichtet gewesen, auf das Wappen der engl. Krone und auf den Titel einer Königin von England zu verzichten sowie die freie Ausübung des protest. Glaubens in Schottland zu garantieren. Maria verweigerte die Vertragsunterschrift.

13.142 **Den Christus in der Hand**: Maria hält das am Rosenkranz befestigte Kreuz in der Hand.

Schon lange Zeit: Seit Ende Januar 1587 durfte Maria nicht mehr den kath. Kaplan du Préau sehen, so dass sie weder beichten noch die Kommunion empfangen konnte. 15.182

Dechant: Vom Bischof eingesetzter Kirchenbeamter, dem (zehn) Ortsgeistliche untergeordnet waren. 15.187

Notarien: Vom Staat bestellte Amtsperson, die berechtigt ist, Dokumente auszustellen und zu beglaubigen. 15.190

vierzig Kommissarien: Elisabeth setzte ein Gericht über Maria ein, das aus Kronvasallen und Mitgliedern des Staatsrats bestand. Die ersten Richter trafen am 9. 10. 1586 in Fotheringhay ein; erst am 15. 10. fand die erste offizielle Verhandlung statt, die Hinrichtung erfolgte vier Monate später. Die Zahl der Richter variiert im Stück. 16.217

Gerichtshof in Westminsterhall: Am 25. 10. 1586 wurde in der Londoner Westminsterhall, dem Sitz des Parlaments und der obersten Gerichte, das Todesurteil über Maria gefällt. 17.243

Hattons: Sir Christopher Hatton (1540–1591) erfreute sich der Gunst Elisabeths. Er war Lordkanzler von England und Vorsitzender des Gerichts. Auf sein Drängen hin sagte Maria bei den Verhandlungen in Fotheringhay aus. 17.244

Rheims: Die franz. Stadt Reims als Krönungsstadt der franz. Könige und z. Zt. Marias Zentrum des engl. Exilkatholizismus. 18.259

blut'ge Schatten König Darnleys: Marias zweiter Mann, König Darnley, wurde 1567 ermordet; s. Erl. zu 10,37. 18.272

Jahrstag dieser unglückseligen Tat: Schiller weicht aus dramaturg. Gründen bei der Datierung von den hist. Tatsachen ab, denn Darnley wurde in der Nacht vom 9. auf den 10. 2. ermordet, Maria am 8. 2. 1587 hingerichtet. 18.278

Löseschlüssel: Dem Priester ist es kraft des Sakramentes der Beichte möglich, den reuigen Sünder von seinen Sünden loszusprechen. 19.284

Messedieners Glocke: Ein Messdiener, eine kleine Glocke mit sich tragend, begleitete den Priester, der einem Gläubigen die Kommunion gab. Das Läuten des Glöckchens machte Passanten darauf aufmerksam, dass hier ein Priester die geweihte Hostie (»Hochwürdiges in Priesters Hand«) trug. 19.289

So zarten Alters: Maria war 24 Jahre alt. 19.295

aus der Dunkelheit: Henry Lord Darnley war jedoch von Geburt Marias Thronfolger, denn er war ihr Vetter. 19.299

20.319 **Sänger Rizzio**: David Rizzio war Musiker; er wurde Marias Sekretär und wohl aus Eifersucht und aus politischen Motiven vor ihren Augen von Darnley und seinen Anhängern erstochen.

20.327 **unglückselgen Bothwell**: James Hepburn, 4. Earl of Bothwell (ca. 1536–1578), einer der mächtigsten Männer nach Marias Regierungsantritt. Er war für die Ermordung Lord Darnleys verantwortlich. Nachdem er 1567 selbst die Königin geheiratet hatte, zwang ihn der Widerstand des Adels zur Flucht nach Norwegen, während Maria in Gefangenschaft geriet. Bothwell starb im dänischen Gewahrsam.

20.346–21.350 **Ihr ließt das [...] Waffen euer Parlament**: »Als Maria an der Spitze ihres Hofstaats am 14. April 1567, also zwei Tage nach Bothwells Freispruch, zum Parlament ritt, trug dieser – so mehrere Quellen Schillers – das Zepter, nicht das Schwert von Schottland. Da Bothwell Gouverneur der schottischen Südprovinzen war, war daran nichts Ungewöhnliches. Daß Maria ihr Parlament mit Waffengewalt umringt habe, ist historisch unwahr« (Grawe, S. 13 f.).

22.387 **Kardinal von Lothringen**: Charles de Lorraine, Herzog von Guise, genannt Kardinal von Lothringen (1524–1574); Marias Onkel; klug und ehrgeizig, versuchte, seinem Haus die Krone Frankreichs zu verschaffen. Bereits unter Heinrich II. (1519–1559) von großem Einfluss bei Hof, übte er unter Franz II. (1544–1560) zusammen mit seinem Bruder François die tatsächliche Macht aus, wurde aber unter Karl IX. (1550–1574) zurückgedrängt. Als unversöhnlicher Feind der Hugenotten führte er die Inquisition in Frankreich ein und entschied auf dem Tridentinum die Reformfrage im Sinne der päpstlichen Partei. Er unterstützte den Widerstand der Katholiken in England. Schiller weicht hier von der Historie ab, denn zur Zeit der Dramenhandlung war der Kardinal schon zwölf Jahre tot.

23.414 **Puritaner**: Engl. Protestanten, die auf strenge Selbstzucht und Beherrschung des Trieblebens größten Wert legten.

24.430–433 **Ich hatte nie [...] körperlose Wort verehrend.**: Der protestantischen Kirche wird – man denke an den ›Bildersturm‹ der Reformation – im Gegensatz zur katholischen Sinnen- und Kunstfeindlichkeit unterstellt.

24.441 **Gruß des Engels**: Mariä Verkündigung nach Luk. 1,26–38.

Verklärung: Die Verklärung Christi nach Matth. 17,1–8: »Und er [Jesus] ward verklärt vor ihnen.« 24.443

Fels der Kirche: Nach Matth. 16,18: »Du bist Petrus, und auf diesen Felsen will ich meine Kirche bauen.« 25.473

Morgan: John Morgan (1543–ca. 1606), Waliser und nicht Schotte, war ab 1568 in seiner Funktion als Sekretär Talbots für Maria geheimdienstlich tätig und beteiligte sich an allen Verschwörungen zu ihren Gunsten. 26.496

Leßley: Der Schotte John Lesley (1527–1596) war Priester und zugleich Marias Vertrauter, seit 1566 Mitglied des Staatsrates und auch Bischof von Ross in Nordschottland; Marias Verbindungsmann zur schott. polit. Szene. 26.497

Abkunft […] Tudor: Maria Stuart hatte als die Urenkelin Heinrich VII. (1457–1509) einen durchaus legitimen Anspruch auf den engl. Thron. 1536 hatte Elisabeths Vater, Heinrich VIII. (1491–1547), u.a. seine Tochter für ein uneheliches Kind erklären lassen, da sie aus seiner zweiten Ehe mit Anne Boleyn (1507–1536) stammte. Der Papst hatte die Scheidung der ersten Ehe nicht anerkannt. »Unter dynastischem Gesichtspunkt war Maria Stuarts Anspruch auf den Thron vor Elisabeth berechtigt, unter katholisch-kirchenrechtlichem Gesichtspunkt war Elisabeth nicht berechtigt, Ansprüche auf den Thron zu stellen, da sie als illegitimes Kind galt; nach englischem Recht indes war ihr der Thronanspruch durch einen Parlamentsbeschluss von 1544 ausdrücklich zugestanden worden; schließlich schloß das Testament Heinrich VIII. die Stuart-Linie von der Thronfolge aus« (Luserke, Schiller, Bd. 5, S. 588). 26.519–520

Talbots Schloß: Maria wurde von 1569 bis zum Herbst 1584 unter der Aufsicht des Grafen von Shrewsbury (d.i. Talbot) auf seinen Besitzungen festgehalten. Danach wurde sie unter die Aufsicht Ralph Sadlers gestellt, bevor sie Anfang 1585 Paulet übergeben wurde. 1585/86 wechselte Maria viermal ihren Aufenthaltsort, erst am 21.9.1586 wurde sie in Fotheringhay, dem Spielort des Dramas, untergebracht. 27.537

Dem Düc […] Thron und Hand: Der Herzog von Anjou (1554–1584), Franz von Valois, war bereits 1584 verstorben. Er hatte knapp zehn Jahre vergeblich um Elisabeths Hand geworben – die engl. Öffentlichkeit und der Staatsrat widersetzten sich der Heirat. Schiller datiert die Ereignisse um zwei Jahre vor. 29.607

29.608 **König Spaniens**: Philipp II. (1527–1598). Durch die dauernde Einmischung Englands in den zu Spanien gehörenden Niederlanden und die ständige Bedrohung der span. Seewege wird er kurze Zeit später zu dem Entschluss kommen, das Inselreich durch eine Invasion niederzuwerfen. Dieser Versuch – die Entsendung der Armada im Jahr 1588, die sich vor der flandrischen Küste mit dem Heer A. Farneses vereinigen sollte – schlug jedoch fehl.

29.615 **Die eigne Mutter der Elisabeth**: Anne Boleyn, die zweite Frau Heinrich VIII., wurde am 19. 5. 1536 hingerichtet.

29.616 **Catharina Howard**: Sie (1521–1542) war die fünfte Frau Heinrich VIII. Sie wurde im Februar 1542 wegen (unerwiesenen) Ehebruchs hingerichtet.

29.617 **Lady Gray**: Jane Grey (1537–1554), Enkelin der jüngeren Schwester Heinrich VIII. Sie heiratete 1553 einen Sohn des Herzogs von Northumberland, nachdem dieser den schwer kranken König Edward VI. (1537–1553) überredet hatte, für den Fall seines Todes die Thronfolge an Lady Jane übergehen zu lassen. Sie wurde nach dem Tod Edwards VI. am 10. 7. 1553 zur Königin erklärt, wenige Tage danach im Tower gefangen gesetzt und am 12. 2. 1554 hingerichtet.

30.644 **Babingtons**: Vgl. Erl. zu 11,70.

30.644 **Tichburns**: Chidiock Tichbourne war an der Babington-Verschwörung beteiligt. Er wurde wie die anderen Verschwörer zur Abschreckung auf grausame Weise umgebracht (September 1586). Man schnitt ihnen die Genitalien ab und stellte die Köpfe der Enthaupteten auf der London Bridge öffentlich zur Schau.

30.650 **Späher Burleigh**: Wilhelm Cecil; s. Erl. zu 8,7.

32.694 **zwei und vierzig**: Vgl. Erl. zu 16, 217.

32.700 **meines Sohnes**: Jakob Stuart (1566–1625). Er wurde mit zwei Jahren zum König von Schottland als Jakob VI. gekrönt. Maria hatte ihren Sohn ein letztes Mal gesehen, als er zehn Monate alt war. Jakob, protestantisch erzogen, konnte kein Interesse daran haben, Maria aus der engl. Gefangenschaft zu befreien, weil das für ihn den Verlust des Throns bedeutet hätte. Als Jakob I. von England wurde er nach Elisabeths Tod auch König von England.

32.706 **Peers**: Das Oberhaus als der oberste Gerichtshof, in dem sich der geistliche und weltliche engl. Adel versammelt hat (abgeleitet von lat. pares, die Gleichen).

Hattons: Vgl. Erl. zu 17,244. 33.709

Themis: In der griech. Mythologie war Themeis die Göttin der Gerechtigkeit, dargestellt mit einer Binde vor den Augen, einer Waage in der einen und einem Schwert in der anderen Hand. 33.732

Primas von Kanterbury: John Whitgift (ca. 1530–1604) war Erzbischof von Canterbury und damit das geistl. Oberhaupt (›Primas‹) der engl. Kirche. 34.751

weise Talbot: »Shrewsbury ist nicht Lordsiegelbewahrer gewesen. Auch hier handelt es sich um einen dramaturgischen Kunstgriff Schillers, wodurch Shrewsbury an Bedeutung gegenüber Cecil als seinem Gegenspieler gewinnt« (Luserke, Schiller, Bd. 5, S. 589). 34.752

Howard: Lord Charles Howard of Effingham (1536–1624), Earl of Nottingham (seit 1597), war seit 1585 Lord High Admiral, d. h. der kommandierende Admiral der engl. Flotte. 34.753

Serails: Palast des Sultans. Der engl. Adel wird mit den macht- und rechtlosen Sklaven des Sultans verglichen. 35.775

Großohms: Heinrich VIII. war der Bruder von Marias Großmutter. 35.776

viermal: »Heinrich VIII. ignorierte den päpstlichen Autoritätsanspruch, Eduard VI. führte die Reformation ein, Maria die Katholische restituierte den Katholizismus, und Elisabeth verhalf zur Gründung der anglikanischen Kirche« (Luserke, Schiller, Bd. 5, S. 589). 35.786

Tweede: Tweed, Grenzfluss zwischen England und Schottland. 36.815

Zunder: Zündstoff aus Feuerschwamm ; hier: der Anlass zum Aufflammen des Bürgerkrieges. 36.823

Ahnherr Richmond: Heinrich Tudor (1485–1509), Graf von Richmond, der spätere Heinrich VII., König von England, war Marias Urgroßvater. 36.836

zwei Rosen: Gemeint ist der engl. Rosenkrieg (1452–1485). In diesem Erbfolgekrieg kämpften die Häuser Lancaster, dessen Wappen die rote Rose, und York, dessen Wappen die weiße Rose war, gegeneinander um den engl. Thron. In der entscheidenden Schlacht von Bosworth fiel der Vertreter Yorks, König Richard 36.836

III. (1452–1485), so dass der Erbe Lancasters, Heinrich Tudor, den Thron bestieg. Er heiratete Elisabeth aus dem Hause York und befriedete damit die feindlichen Häuser.

38.884 **Kurl und Nau**: Claude Nau (Franzose) und Gilbert Curle (Schotte) waren die beiden Sekretäre Marias. Nau musste ihre Briefe chiffrieren. Beider Falschaussagen, Maria habe in ihrer Korrespondenz einem Mordanschlag auf Elisabeth zugestimmt, wurden im Prozess gegen Maria verwendet. Entgegen Schillers Darstellung widerrief der hist. Kurl seine Aussagen später nicht.

39.929 **Mendoza**: Bernadino de Mendoza war von 1577–1584 span. Botschafter in England. Wegen seiner Beteiligung an einer Verschwörung gegen Elisabeth wies man ihn aus England aus.

44.1069 **Brecht den Stab**: Vor der Vollstreckung des Todesurteils wurde über dem Verurteilten in symbol. Handlung ein Stab zerbrochen.

45.1079 **Ritterspiel**: Es handelt sich dabei um eine hist. belegte Festlichkeit, die am 15. 5. 1581 in London stattfand.

45.1086 **Seneschall**: Haushofmeister, höchster Beamter der königl. Hofhaltung.

46.1119 **S. Germain**: Schloss bei Paris, seit dem 16. Jh. bevorzugter Aufenthaltsort des franz. Königshofes.

47.1141 **Kalais**: Seestadt an der franz. Nordküste; von 1347 bis zur Rückeroberung durch Marias Onkel Franz von Guise im Besitz der Engländer.

47.1147 **Hochzeitfackel**: Der griech. Hochzeitsgott, Hymen oder Hymenäus, wurde als Knabe mit einer Fackel in der einen, einem Brautschleier in der anderen Hand dargestellt.

vor 50.1218–1221 ***das blaue Band* […] mal y pense!**: Die Königin verleiht Bellievre den Hosenbandorden. Der Anlass für die Stiftung des einklassigen Hosenbandordens durch König Eduard III. (1312–1377) im Jahre 1348 ist nicht geklärt. Die Ritter des Hosenbandordens, die ›Knights of the Garter‹, tragen als Ordensornat einen blauen Samtumhang mit aufgesticktem Ordensstern, eine karminrotsamtene Kapuze und einen federgeschmückten schwarzen Hut, dazu eine Ordenskette mit dem Ordenskleinod. Das eigentliche Ordenszeichen, ein schmales blaues Samtband mit der goldenen Ordensdevise ›Honi soit qui mal y pense‹ (›Wehe, wer sich etwas Schlechtes dabei denkt‹), wird von den Herren unter dem linken Knie, von Damen am linken Oberarm getragen.

lothringischen Brüdern: Heinrich, Karl und Ludwig Guise, die 51.1266
Söhne von Marias Onkel Franz von Guise, Herzog von Lothringen, der 1563 ermordet wurde.

Englands Königin zu schreiben: »Als Maria Stuart 1559 Köni- 52.1291
gin von Frankreich wurde, nahm sie in ihr Wappen das englische Wappen als Viertel auf und machte damit ihren Anspruch auf den englischen Thron geltend« (Grawe, S. 30).

dem Weib die Herrscherzügel: Auch weibliche Nachkommen 54.1345
waren erbberechtigt.

Woodstock: Elisabeth wurde von ihrer Halbschwester Maria 55.1381
der Katholischen einige Zeit im Tower inhaftiert, dann auf Schloss Woodstock festgehalten, weil Maria befürchtete, Elisabeth könnte für die protest. Aufstände als Aushängeschild vereinnahmt werden.

Guisen: Franz. Herzogsfamilie; Seitenlinie des Hauses Lothrin- 56.1418
gen; Stammvater war Claude I. de Lorraine (1496–1550). Maria (1515–1560), die Tochter Claudes I., war die Mutter Maria Stuarts.

großen Weg: Anspielung auf die ›grand tour‹, der sich junge 58.1470
Adlige als traditionelle Bildungsreise unterzogen und die sie meist durch Holland, Belgien, Frankreich und die Schweiz nach Italien führte.

Morgan: Vgl. Erl. zu 11,70. 58.1476

Walsingham: Sir Francis Walsingham (1530–1590), seit 1573 58.1489
Staatssekretär, war Chef des engl. Geheimdienstes und verfolgte in dieser Funktion schon früh Pläne zur Ermordung Maria; s. a. Erl. zu 11,70.

Bulle: Der gegen Elisabeth 1570 verhängte Kirchenbann wurde 58.1490
unter Papst Sixtus V. (1585–1590) erneuert. Danach waren die Untertanen der Gebannten von ihrem Treueid entbunden, Elisabeth selbst wurde das Recht auf die engl. Krone abgesprochen.

ältsten Thron der Christenheit: Gemeint ist der franz. Thron, 60.1531
der sich bis zu dem im Jahr 496 zum Christentum übergetretenen Merowingerfürst Chlodwig zurückverfolgen lässt.

60.1533 **Drei Kronen**: Die Kronen Englands, Schottlands und Frankreichs.

68.1762 **Sie war mir zugedacht**: »Elisabeth schlug Leicester 1564 als Heiratskandidaten für Maria vor und machte ihn zum Grafen, damit er rangmäßig annehmbarer für sie war. Maria lehnte es ab, mit Elisabeths ehemaligem Favoriten vorlieb zu nehmen, und heiratete statt dessen Lord Darnley. Leicesters Ausspruch, er habe die Heirat von sich aus abgelehnt, ist daher falsch. [...] Leicester gehörte dem Gericht über Maria an, nahm aber an der Verhandlung in Fotheringhay nicht teil und war auch bei der Hinrichtung nicht anwesend. Seine Liebesaffäre ist Schillers Erfindung« (Grawe, S. 33).

69.1789 **Argusblick**: Argus, ein vieläugiger Riese in der griech. Mythologie, gilt als Sinnbild der Wachsamkeit, da er immer, selbst im Schlaf, die Augen offen hält.

73.1919 **Howard**: Eine alte engl., mit dem Haus York und Elisabeth selbst verschwägerte Adelsfamilie, deren Haupt bis zu seinem Tode der Herzog von Norfolk war.

73.1919 **Percy**: Ebenfalls eine alte engl. Adelsfamilie aus dem Norden des Landes, deren Haupt, der Graf von Northumberland, 1572 infolge eines Aufstandes des Adels hingerichtet wurde.

84.2186 **Schlangenhaare**: Die drei Gorgonen (weibl. Ungeheuer in der griech. Mythologie) tragen auf dem Haupt Schlangenhaare, mit dem sie ihrem Gegenüber Schrecken einjagen.

89.2318 **Furien**: Die schrecklich aussehenden Rachegöttinnen (in der griech. Mythologie die ›Erinnyen‹).

90.2352 **Sankt Barthelemi**: In der Batholomäusnacht vom 24.8.1572 fand in Paris ein Massaker statt, als anlässlich der Hochzeit Heinrichs von Navarra (Heinrich IV. 1553–1610) mit Margarete von Valois (1553–1615) – v.a. auf Veranlassung der Guisen – fast der gesamte protest. Adel Frankreichs umgebracht wurde.

90.2360 **Sankt Peters Schlüssel**: Die Politik des Papstes.

90.2374 **listige Armida**: Figur aus dem Versepos *Das befreite Jerusalem* von Torquato Tasso (1544–1595); hier als Verweis auf die für die Männer gefährliche, weil sie verzaubernde und verhexende, verführerische weibliche Schönheit.

92.2432 **Anna von Boulen**: Gemeint ist Anne Boleyn; vgl. Erl. zu 29,615.

Basilisk: Nach mittelalt. Vorstellung ein Fabelwesen mit einem Hahnenkopf und Schlangenschwanz, dessen Augen durch Blicke töten können (›Basiliskenaugen‹). 92.2441

Ablaß: Die durch eine kirchl. Autorität erteilte Lossprechung/ Vergebung von begangenen bzw. künftigen Sünden. 95.2506

Tyburn: Der öffentl. Richtplatz in London, der an der nördl. Seite des Hydeparks lag. 96.2537

Sauvage: John Sauvage gehörte zur Babington-Verschwörung, die sich die Befreiung Marias zum Ziel gesetzt hatte. Er wurde 1586 hingerichtet. 100.2613

Barnabit': Barnabiten; nach dem Mutterhaus St. Barnabas in Mailand benannter, 1530 in Mailand gegründeter Chorherrenorden, der volksmissionarisch tätig war und sich v.a. der schulischen Ausbildung Jugendlicher und der universitären Lehre annahm. 100.2623

heilige Charakter: Die diplomat. Immunität (Unverletzlichkeit) des Gesandten. 103.2668

Inquisitionsgericht: Ein geistl. Gericht zur Kontrolle des Glaubens. 105.2707

Atlas: In der griech. Mythologie ein Titanensohn, der wegen seiner Beteiligung am Kampf der Titanen gegen die Götter von Zeus dazu verurteilt wurde, am Westende der Welt den Himmel auf dem Nacken zu halten; hier: jemand, der die ganze Last des Staates verantwortungsvoll zu tragen hat. 105.2710

Mein Volk mag […] seine Majestät zurück.: »Elisabeth kokettiert damit, den Herrschaftsvertrag zwischen Volk und König aufzulösen und den ursprünglichen Zustand der Gesetzlosigkeit wieder herzustellen« (Grawe, S. 40). 122.3149–3150

Mich zu vernichten […] festen Landes.: Gemeint sind die kath. Mächte Kontinentaleuropas: Spanien, Frankreich und Österreich. 124.3214–3215

Spanier auf den Meeren: Erst 1588, also nach Marias Tod, griff die span. Armada die engl. Flotte an und wurde vernichtend geschlagen. 124.3219

Seitdem man […] Seite riß: Andrew Melvil und Marias franz. Kaplan de Préau wurden am 21.1.1587 auf Paulets Befehl von Maria getrennt. 131.3360

Agnus Dei: Lamm Gottes; Bez. für Christus nach Joh. 1,29; vor 136.3480 hier: Bild eines Lammes mit einer Siegesfahne, das den auferstandenen Christus darstellen soll.

137.3509 **Didier**: Didier Siflard war einer von sechs Dienern, welche auf Marias Bitte an ihrer Hinrichtung teilnahmen.

140.3609 **allgemeine, die kathol'sche**: ›Katholisch‹ heißt: allgemein, die Erde umfassend.

141.3620 **Das hohe Wunder**: Gemeint ist die Verwandlung von Brot und Wein in den Leib und das Blut Christi (Transsubstantiationslehre).

142.3652 **sieben Weihn**: Der eigentlichen Priesterweihe gehen vier niedere und zwei höhere Weihen voraus.

145.3750–3751 **höchste Recht Der Könige**: Vorrecht der Könige, beim Abendmahl Hostie und Wein zu sich zu nehmen, wie es sonst nur dem Priester erlaubt war.

156.4006 **Drum seid verbannt**: Burleigh fiel nach Marias Tod für kurze Zeit, d. h. für vier Monate, in Ungnade bei Elisabeth. Davison wurde in den Tower geschickt, Ende März 1587 angeklagt, zu einer für ihn ruinösen Geldstrafe verurteilt und 1589 aus dem Tower wieder entlassen, ohne Elisabeths Gnade zu finden.

Suhrkamp BasisBibliothek
Text und Kommentar in einem Band

- Die Dreigroschenoper. Kommentar: Joachim Lucchesi. SBB 48. 170 Seiten
- Kalendergeschichten. Kommentar: Denise Kratzmeier. SBB 131. 196 Seiten
- Der gute Mensch von Sezuan. Kommentar: Wolfgang Jeske. SBB 25. 214 Seiten
- Der kaukasische Kreidekreis. Kommentar: Ana Kugli. SBB 42. 189 Seiten
- Leben des Galilei. Kommentar: Dieter Wöhrle. SBB 1. 191 Seiten
- Mutter Courage und ihre Kinder. Kommentar: Wolfgang Jeske. SBB 11. 185 Seiten

Georg Büchner
- Danton's Tod. Kommentar: Joachim Hagner. SBB 89. 200 Seiten
- Lenz. Kommentar: Burghard Dedner. SBB 4. 155 Seiten

Paul Celan. »Todesfuge« und andere Gedichte. Kommentar: Barbara Wiedemann. SBB 59. 186 Seiten

Annette von Droste-Hülshoff. Die Judenbuche. Kommentar: Christian Begemann. SBB 14. 136 Seiten

Joseph von Eichendorff. Aus dem Leben eines Taugenichts. Kommentar: Peter Höfle. SBB 82. 180 Seiten

Theodor Fontane
- Effi Briest. Kommentar: Dieter Wöhrle. SBB 47. 414 Seiten
- Irrungen, Wirrungen. Kommentar: Helmut Nobis. SBB 81. 258 Seiten

Max Frisch
- Andorra. Kommentar: Peter Michalzik. SBB 8. 166 Seiten
- Biedermann und die Brandstifter. Kommentar: Heribert Kuhn. SBB 24. 142 Seiten
- Homo faber. Kommentar: Walter Schmitz. SBB 3. 301 Seiten

NF 279b/2/5.13

Johann Wolfgang Goethe

- Egmont. Kommentar: Helmut Nobis. SBB 127. 184 Seiten
- Faust I. Kommentar: Ralf-Henning Steinmetz. SBB 107. 298 Seiten
- Götz von Berlichingen. Kommentar: Wilhelm Große. SBB 27. 243 Seiten
- Die Leiden des jungen Werthers. Kommentar: Wilhelm Große. SBB 5. 222 Seiten
- Wilhelm Meisters Lehrjahre. Kommentar: Joachim Hagner. SBB 85. 700 Seiten

Grimms Märchen. Kommentar: Heinz Rölleke. SBB 6. 136 Seiten

Peter Handke. Wunschloses Unglück. Kommentar: Hans Höller. SBB 38. 131 Seiten

Friedrich Hebbel. Maria Magdalena. Kommentar: Florian Radvan. SBB 74. 150 Seiten

Christoph Hein. Der fremde Freund. Drachenblut. Kommentar: Michael Masanetz. SBB 69. 236 Seiten

Hermann Hesse

- Demian. Kommentar: Heribert Kuhn. SBB 16. 233 Seiten
- Narziß und Goldmund. Kommentar: Heribert Kuhn. SBB 40. 407 Seiten
- Siddhartha. Kommentar: Heribert Kuhn. SBB 2. 192 Seiten
- Der Steppenwolf. Kommentar: Heribert Kuhn. SBB 12. 306 Seiten
- Unterm Rad. Kommentar: Heribert Kuhn. SBB 34. 275 Seiten

E. T. A. Hoffmann

- Das Fräulein von Scuderi. Kommentar: Barbara von Korff-Schmising. SBB 22. 149 Seiten

NF 279b/3/5.13